ご神仏からのメッセージが届く！

心のフタの開き方

安心で満たされた人生に変わる！

真言宗尼僧・漫画家
悟東あすか

徳間書店

～はじめに～

あなたは
生きていく中で
「誰も助けてくれない」
と感じたことは
ありませんか？
誰か……
誰か……
助けて！
仏さま！

おお！
やっと助けを
呼んだなぁ
ぬぅ……
キャ！
誰……？
尼僧で漫画家の
悟東あすかです
ワシは悟東の
面倒見とる
不動明王やで！
私、ついに
幻覚まで見てる
のね……
幻覚なんか
じゃあ
ないですよ！

これ、漫画やで！
うん
うん
じっ……
……
何……？
なんなのよ！
お不動さまこと不動明王さまは密教の仏さま！
つまり、私が漫画として描いているから見えてるのよね
漫画なんかが人の絶望に……
土足で踏み込まないでよ！
泥ついてる？
オロオロ
お不動さまよく泥沼に飛び込むから
ハイゾーキン
何言ってんのよ

私の
今までの人生で
誰も助けに
来なかった！
仏さまも
神さまも
自分の目で
見たこと
なかったし
助けてくれる
気がしないわ
キミらの
目に見えるのは
ほんのわずかな
ものやで
空気は
見えないけど
ないと
生きられ
へんで
そんなの
当たり前でしょ！

な！
見えてるもんだけが助けてくれるワケやないで
ほいでな「当たり前」は最高の奇跡なんやで
悟東は当たり前に締め切り延ばすなや！
ごめんなさい ごめんなさい ごめんよ～ ごめんな ごめん～ ごめんなさい
幸せになりたいやろ？
なりたいわよ！

人はな
必ず幸せになれるんやで！
ポン
信じらんない
私は何もかもうまくいかないのに
それはなキミが本来の自分の
心の本当のありようを知らないからなんやで

自分の心
くらい……
プイッ
自分で
わかって
いるわよ！
いやいや
普通は
わかっとらん
もんやで
わからんからって
悟東は眠るな！
ぐぉ～
本当はな
すべての存在は
もれなく
大いなる意識……
大いなる1つ……
永遠不滅なる完璧な
光り輝く命の中から
生まれたんや

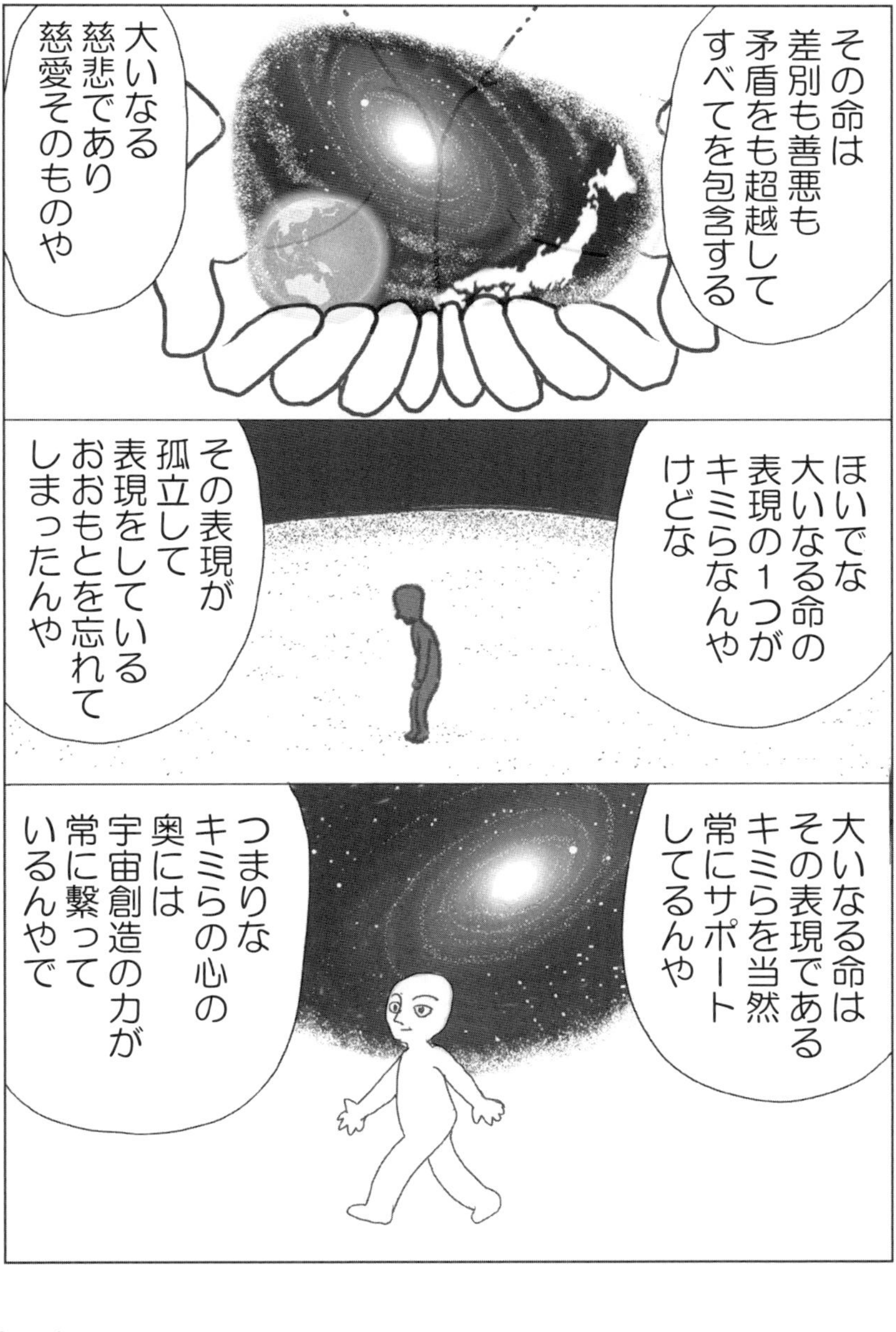
その命は
差別も善悪も
矛盾をも超越して
すべてを包含する
大いなる
慈悲であり
慈愛そのものや
ほいでな
大いなる命の
表現の1つが
キミらなんや
けどな
その表現が
孤立して
表現をしている
おおもとを忘れて
しまったんや
大いなる命は
その表現である
キミらを当然
常にサポート
してるんや
つまりな
キミらの心の
奥には
宇宙創造の力が
常に繋って
いるんやで

……ってのが本当の心のありようなんや
悟東が気を失った！
頭パンクしそう～
さっぱりわかんない！
そんなすごいサポート
まったく感じたことなんてないわよ！
それはな自分を孤立した存在だと認識して
心のフタを閉じているからなんやで

人間は孤立した存在として自分を認識すると
他と比べたり……自分の利益のみを求めたり……他を害したり……苦しみを生むんや
心の本当のありようを忘れているのは
1+3+$\frac{3}{4}$×…
スーパーコンピュータを持ちながらそれを使わずに小学生の算数に悩むようなもんやで
自分の心の中に無限に宝を生み出す箱を持ちながら
どこかに宝が……
外に探しに行くのはもったいないで

どうやったら そのフタを 開けられるの？
安心せぇ 悟東の 心のフタから すり抜けた ワシがガイド するよって
参考にして 自分で開くんやで
くれぐれも 自分で 開くんやで！
キミの 心のフタは キミにしか 開くことが できんのを 忘れんでな！
では本編で 心のフタの開け方の コツをお話しするで！
フタを 開けましょう！
それフタじゃ なくてブタよ

心のフタの開き方

ご神仏からのメッセージが届く！

真言宗尼僧・漫画家
悟東あすか

もくじ

ご神仏からのメッセージが届く！ 心のフタの開き方

第1章

ご神仏はいつでもあなたを守ってるで！

第2章

不安や心配によく効く薬ってなんや？

第3章

失敗と感じることがあってもいい。絶望はチャンス！

第4章

運のいい人になるのは簡単なんやで！

第5章

悟東のちょっと不思議な日常奇譚

組版　キャップス
校閲　鷗来堂
イラスト　悟東あすか
装丁　藤田大督
編集協力　文筆堂
編集　髙畑　圭

～プレ第１章～
お不動さまと私

それは私が加行《けぎょう》（修行の1つ）を終えた後のある日
不動明王さまをお祀《まつ》りしているお寺にお参りしていました
ポロリ
私は仏教（密教）の教えを漫画で伝えたいんだけど…
なかなかうまく描けなくてどうしたらいいんでしょう？

すると本堂の奥から
突然一陣の風が……
その風は、私、悟東の周りをぐるぐると回って
心に語りかけてきたんですよ
ビュゥ
よっしゃ！
アンタ、アホやし
ワシ、不動が助けるで！

え？
お不動さま？
キョロ
キョロ
せや！
ワシは
不動明王やで
そして
その風はお不動さまの
絵が描かれたお札に入って
いったんですよ
私はその
お札を持って
帰りました

自宅では
お不動さまのお像を
新しく求めて
開眼させて
いただきました
でも……
どんなに祈っても
学んでも
ぐぅ～
教わっても
瞑想しても
コク
なぜ？
どうして？
あの日のように
お不動さまを
感じられない！

その当時私には
とても強力な
霊能者の友人がいて
そこの祠《ほこら》の
愛染明王《あいぜんみょうおう》
さまが
こんな
手の印《いん》を
教えてくれ
たの
どんな？
順番に
この指をこうして
これっ
て……
なん
だろ？
ゴツゴツ
ゲッ
秘印《ひいん》
だ……
私は行者としては
あるまじきことに
彼女の言葉に
頼っちゃったんです
ねぇ……
ウチのお不動さまは
私に……
なんて言ってる？
私はお不動さまと自分の
心の繋がりをすっかり
見失っていたのです

実は、若い頃……
私は少し霊感の
ある人でした
それで日常生活が
困難に感じることも
多々ありました
密教に魅せられて
高野山のお寺に
ご縁ができ得度《とくど》
したとき……
高野山の奥之院
の御廟《ごびょう》の前で
お大師さまに
祈ったのです
私が見たいのは
幽霊でも
妖怪でもありません
空海さまが見極めた
この世界の真実が
知りたいんです！
そのための
追究がしたいんです
私にとって霊感が
邪魔になるのならば、
この霊感を
消してください！

弘法大師空海さまにそう祈った瞬間に
スッキリ
私の霊感は消えたのでした
さらに時が流れ
お大師さまに霊感を消していただいたにもかかわらず……
私は超霊感のある友人と自分を比べて自信を失ったのでした
そんなある日病院で私のおなかに大きな腫瘍が見つかった……
先々月にはなかったからまず、悪性腫瘍でしょう
急いで大病院で手術を受けてください

2ヵ月前にはなかったのに大きな腫瘍が？
私……死ぬんだ
私は死を覚悟した
すると心の中に抱えていたくだらないプライドや常識……
思い込みや期待や偏見や……いろいろと抜け落ちて
家族や周りの世界が尊く輝いて見えた
お不動さまに対してもいつの間にか自分の心の外の存在としてしまっていたのに気づきました
お不動さまごめんなさい！
やっと気ぃついたんやなぁ……

手術で取り出されたものは悪性の腫瘍ではなく
White Ball!
真っ白なソフトボール大の脂肪の玉でした
お説教タ〜イム!
退院してからありのままに祈ることで
お不動さまとお話しできるようになりました
まァ…そこに座れや
ええか、悟東! ワシらの言葉や行動はな
特定の能力のある誰かにしかわからんなんてことは決してないんやで!
はい スンマセン

すべての人の心の奥に
それぞれご神仏さまが
繋っとってやな
ご神仏さまは
1人ひとりに直接
一番わかりやすい
アドバイスを
くださるんやで
今、このワシの言葉かて
悟東というアホなフィルターを
通したものやから
読者のキミらは鵜呑みにせず
まず自分の心に問い合わせて
判断するんやで！
霊能者でも人間に
見えて聞こえている
のは断片なんやで
つきつめれば
個人がこの世界を
どう受け取ったかの
1つの表現なんや
ワシらを
探すなら
自分の心を
見つめる
こっちゃ
ココロコロと
ちゃうで！
心を見つめ
るんや！
ココロコロコロ…
ココロコロコロ……

この4コマは以前中日新聞が私のことを紹介してくださった時に描かせていただいた漫画です
この4コマの頃はまだ髪の毛があったなぁ……
ああ、お不動様が感じられない
ちゃんと修行したのにお不動さま応えてよ～！
モンモン
モンモン
モンモン
なんだかもうゴチャゴチャ
心が満杯よ
心をカラにして素直にならなきゃ
やっとわかったか！
素直になればワシがわかるんや
あの～どちら様で？
頭もカラかい！ワシが不動や！
悟東ってほんまアホやからなぁ
よろしゅうにな

第1章

ご神仏はいつでもあなたを守ってるで！

人として一番大事なことってなんや？

不動明王さま（以下、お不動さま）　ワシが解説するでぇ。

みんなは「頼る」って言葉にマイナスのイメージがあったりせぇへんか？「人を頼ってばかりじゃダメだぞ！」とか、「依頼心が強くては一人前になれない」とか……。子どもの頃に大人から怒られた経験が一度や二度はあるんちゃう？

悟東あすか（以下、悟東）　そうそう、子どもの頃から今まで、よくそう怒られたもんですよぉ〜。

お不動さま　なんや、今でも怒られとるん？

ではな、ちぃとばっか自分が生まれた時に思いを馳《は》せてみぃ……。

アンタが赤ちゃんとして生まれた時は、親やその周りの人らが、身の回りの必要なことは何もかもしてくれへんと、生きていくことがでけへんやったろ？

……何もかもと書いたけどな、厳密には違うでぇ。赤ちゃんのアンタは自分でしなければならない大事なことがあったんや。覚えとる？

悟東　な、なんだろう……。赤ちゃんが自分でしなければならないことって……。

お不動さま　それは個としての人間として生まれて一番大事なことで、今も続けていることなんやで。

赤ちゃんに必要なことは全部周りの人がしてくれるやんかって皆さんは思うかもしれへんね。でもな、ちゃうんやで。

生まれてすぐに赤ちゃんは一番大事なことを自ら始めるんやで。

悟東　それって……もしかして……。

お不動さま　せや！　わかったか？

それは自ら息をすることやで！

悟東　え？　でも……そんなの当たり前じゃないですか？

お不動さま　「当たり前」言うな！　💢

息をせぇへんかったら、この身体は死んでしまうやろが？

息をするっちゅうのは、自ら「この身体で生きる！」って決意表明みたいなもんやで。

悟東　そ、そりゃそうですね……。そこまで考えていませんでした。

お不動さま　せやろ？

息をすることで、身体がそれをしっかり受け止めて、身体中の細胞が活性化して、血が巡り、あらゆる器官が働く。命をこの身体に留めるんや。

生まれた直後の初めての呼吸と共に生じる泣き声を産声っていうんやで。

アンタの産声は、どんなんやったんやろなぁ？

まさに「この世に、この身体で生まれて、生きていくで！」っていう宣言やったかもしれへんなぁ。まさに祈りやなぁ。

悟東　第一呼吸が……産声……。

いやぁ、私も赤ちゃんとして生まれた時に宣言してたかもですね！

なんだか感動しますね。

お不動さま　せや、感動的やろ？　で、次に大事なのが「困った時に泣くこと」や！

悟東　それも当たり前じゃないですか！

お不動さま　また「当たり前」言うな！　💢💢

赤ちゃんであるアンタは、泣くことで「お腹が減った」とか、「オムツが気持ち悪い」とか、「どこか痛い」とか、周りの人に知らせたんや。コミュニケーションの始まりや。それで、お母はんやお父はん、周りの人が「不快」を取り除いてくれはったんやろ？

そして少し育ったら、次に大事なことは、笑うことや。

赤ちゃんの笑顔は、周りの人を幸せにするんや。育児で疲れた大人の疲れを軽くして、育児の意欲を湧かせたやろなぁ。こんなふうに絆が作られていくんや。

悟東　そうかもしれませんね。

お不動さま　「息をする」「泣く」「笑う」。この3つは、人間が生まれてから死ぬまで、この世で生きていくのに、めっちゃ大事なことなんや。

悟東　そんなに大切なんですか？　ど、どうしてですか？

お不動さま　この3つは、生きるために他を頼るための要やからや！

悟東　え？　「息をする」が、どうして頼る行為になるんですか？

お不動さま　よぉ言うた！　悟東、ちょっと……10分ほど息止めてみぃ！

悟東　……く、苦し……し、死んじゃいますよぉ！

お不動さま　な。せやろぉ？　「息」から酸素を取り出し、それを循環させて、身体中の細胞に行き渡らせるのは、「肺」や「血管」や「血液」などや。つまり、アンタの身体のシステムに丸投げで頼っとるわけや。身体はそれをしっかりと受け止めてこの世で生きるということが始まるんやで。

悟東　それって、頼っていることになるんですか……？

お不動さま　せやで。自分の考えや意思がなくても働いている身体のシステムに、アンタは頼って、そしてそれを身体が受け止めているからこそ人間として生きていられるってことや。

大人も子どもも関係ないやろ？　「頼る」ってことが弱いことやなんて言うたら、人間は生きてることすらできへんってことになるんやで。

悟東　なるほど。……頼らないと生きていけないんですね。

お不動さま　早い話がなぁ。

人間が何かを「頼る」っちゅうことは、弱いんやなくて、それこそが人間が生きるってこっちゃ！　頼って、そしてそれが受け止められて生きていくんや。人間にとって、生きるために必須のことなんや。

悟東　じゃあ、赤ちゃんがいろんな環境で育っていくのも、同じように頼ることで、そしてそれをしっかり受け止めてもらって、育っているんですね。

お不動さま　そのうえにな、次に大事なことは、赤ちゃんの発育は、できなかったことが周りに助けてもらって少しずつできるようになっていく「できた！」っていう喜びを体験することでもあるんや。

悟東　小さなことでも、赤ちゃんが何かできるたびに親もうれしいですよね。

お不動さま　でな、できることは、皆それぞれ違うんやで。足は遅いけど絵がうまかったり、勉強は苦手だけど音楽の才能があったり、特別な才能はないけど優しい人もおったりする。

悟東　確かに私も学校は嫌いだったけど、漫画はよく描いていましたね。

お不動さま　環境や遺伝子などのいろいろな条件を頼ることで、そして受け止められ方もいろいろやから、決して同じ人間は育たないんやで。

それは赤ちゃんが何か自分で努力してどうにかなるもんではないんや。せやから、子どもはもとより大人になった後でも人と比べて何か劣っていることを恥じるのは、無意味なんやで。

それにな……皆が同じ長所と短所を持っとったら、頼り合うこともでけへんやろ？

人間社会は、それぞれが得意な分野を持ち寄って、助け合って、つまり頼り合って成り立つようになっとるんやで。

悟東　助け合えるのって素敵ですよね。
みんなで助け合うとできることが何倍にも増えていきますもんね。

お不動さま　だからな、「自分はできるのに、お前はなぜできないんだ！」とか言うのは、見当違いやで！
1人ひとり、頼らなければならないところは違うんや。それは、この世界を、助け合って、感謝し合って、もっともっと豊かに幸せにするための、この世の仕組みなんや。これこそが、仏さまの仕組みと言えるんやで！

悟東　だから、人間が仏さまを頼るのは、心が弱いからだとは考えなくていいんですね？

お不動さま　身体の仕組みとか、大自然の恵みとか、自分の考えの及ばないものの働きを頼ることで、そこから恵みを受けて生きているってことは、この世の大いなるものに頼って生きていると思わへん？

みんな無自覚で仏さまを頼って生きているとも言えるんやないの？　なんでご神仏を頼るのが精神的に弱いとかアカンとかっちゅう道理があるんか？

なんでも自分でできると思うほうが、大きな驕《おご》りやで！

悟東　多くの人は自分でなんでもできるつもりになっているのかもしれませんね。でも逆に、自分ではなんにもしたくないって家でゴロゴロして威張る人もいますよねぇ。それはどうなんでしょうね。

お不動さま　家でゴロゴロして、自分で取れるお菓子を、家族に「取ってぇ～！」ってお願いするのはアカンで！　それは頼るんじゃなくて、ただの怠惰や！

自分でできることを喜ぶことを放棄してるんや。
それぞれができることを喜べることを持ち寄って頼り合うことで、皆が幸せに暮らせるんや。
できることの喜びを放棄し続けたら、したくてもできなくなってしまうで！　気ぃつけや！

実はみんなご神仏と繋がっている

悟東　お不動さま、ご神仏さまに頼っていいってことがわかったんですけど、ご神仏さまって、たくさんいますよね。どうしてそんなにおられるんですか？

お不動さま　まぁ、荒っぽい例えやけどな。悟東、アンタが主婦の時と、母親の時と、漫画家の時と、坊さんの時で、やってることが違うやろ？　呼ばれ方も違うやろ？　でも、中身は全部アンタやろ？

悟東　そりゃあそうですよね。

お不動さま　で、もし、本当にこの４人に分身ができたら、どうや？　仕事の効率、めっちゃ上がるんとちゃう？

悟東　確かに！　そんなことができたら嬉しいです！　できるんですか？

お不動さま　まあ、悟東の場合は人間ができてへんから、４人で足を引っ張り合って、逆に混乱するかもしれへんけどな。でも、なんとなく、感じわかるやろ？

悟東　うーん、どうでしょうかねぇ……。

お不動さま　ちぃと想像してみぃ。

主婦をしている時の意識と、母親として子どもの世話をする時の意識と、漫画を描いている時の意識と、瞑想したり修行したり人の相談に乗ったりしている時の意識が、それぞれ自分の身体を持って、それぞれが別の経験を積んで、その経験や思いが、おおもとの悟東のところにリアルタイムで集まってくる……。

悟東　えぇーっ、なんか疲れそう……。ヤダ！　４人で何もしないで、部屋の隅でひざを抱えてじっとしているのはダメですか？

お不動さま　だまらっしゃい！　何も変わらんやないかい！　アホかい！　例えが

ポンコツで4人でもアカンかったけど……。

これが仏さまやったら、必要に応じて無数にわかれて状況にピッタリな姿で現れて対応することができるんや。

この世のありとあらゆるものを救うために、いくつもの意識にわかれていくつものご神仏になって現れるんやで。

そして、この世界のすべてを含んで、決して滅ぶことなく、永遠にあり続ける大いなる意識のおおもとを、我々は「大日如来《だいにちにょらい》さま」と呼んでいるんや。

悟東　大いなる意識って？　わかりづらいですね。

お不動さま　インターネットを想像してみい。世界中のコンピュータが繋がって、莫大な情報が行き交っている。でも、それ以上に大きな規模で、この宇宙のすべての命が繋がっている意識の大海があって、それが「大いなる存在」なんや。ご神仏さまは、その大海とわれわれをつなぐために生み出された存在なんやで。

そのおおもとの大いなる存在を大日如来さまと呼んでいるんやで。

悟東　大日如来さま？

お不動さま　せや！　大日如来さまは、さらに言えば、完璧な救いのために、その働きから、身を分けて、たくさんの仏さまを生み出したんや。
　例えば、病気の治癒を願う時には薬師如来《やくしにょらい》さま、学問の上達には文殊菩薩《もんじゅぼさつ》さま、商売繁盛には毘沙門天《びしゃもんてん》さまというように、それぞれの仏さまには得意分野があるんや。
　でも、どの仏さまに祈っても、最終的にはその人に最適な救いに導いてくださるんや。救いの数だけ、仏さまはいると思ったらええで。自分の願いにぴったりの仏さま神さまがおられるんやで。
悟東　そこまでして、みんなを救ってくれるんですか？　どんな人でも？
お不動さま　そうやで！　救いに漏《も》れはないんやで。
悟東　救いを求める数は、ものすごいでしょうに……漏れがない……？
お不動さま　それはな、そもそもキミらは、仏さまと同じで、永遠不滅の大いなる意識のおおもとの表れの1つなんや。信じられへんやろけどな。この世にあるもので、それ以外のものは存在してへんねや。

悟東　ええっ？　そうなんですか？

お不動さま　永遠不滅の命の意識にな、あえて制限をつけて、この世に無数の形で現れてるんや。それがキミらや、この世のすべてのものなんや。

　わかりやすく言うと、海の波みたいなもんや。波は1つひとつ違って見えるけど、本質は同じ海水やろ？　人間も同じなんや。

　見た目は別々の個人やけど、本質は同じ命の源から生まれているんや。そやから、「私は仏さまと繋がれるはずがない」なんて思わんでええんや。波が海と繋がってないなんてことはありえへんのと同じようにな。

悟東　うーん……。

お不動さま　どや、ご神仏と自分が繋がっているのが理解……できへんやろなぁ。悟東やし。

悟東　うーん……難しいなぁ。では、なんで永遠不滅の命の根源から生まれて、仏さまと繋がっているのに、人間の寿命は限られているし、不安や悩みで、こんなに人生がしんどいんですか？

お不動さま　それ、すごく大事なことやで！　この世で悩み苦しむキミらのためにある「救済のシステム」を表しているのが「曼荼羅《まんだら》」なんや。

ゲームでいえばダンジョンの攻略地図や攻略法が書かれたものでもあり、冒険（修行）そのものを表してもいるのが曼荼羅なんや。仏さまらはキミらを救うために、永遠不滅の命の根源より生み出されたんやで！

つまりな、キミらは母親から生まれた時にダンジョンの扉を開けたようなもんや。

悟東　ええっ？　ダンジョン!?　なんか頭が混乱してきましたよぉ。じゃあ、そのシステムはいつ働いてくれるんですか？

お不動さま　そら、悟東には難しかったかもなぁ。その救済システムが、自分の心に設置されていることに気づくのが大事なんや。仏さまらは、アンタらを救うために存在してるんやからな。

悟東　だからぁ〜、じゃや、救う仏さまがいるのに、ど、ぅ、し、て、私は苦しいの？

お不動さま　キミらは、個としてこの世界に存在するために、身の回りのものから切り離された存在として自分を認識してるから、心も個人として切り離されたものだと認識しているんや。

赤ちゃんは、お腹の中では母親と一体やったのに、生まれた途端に別の存在になったように感じるやろ？　でも実際は、母親との深い繋がりは変わってへんのや。仏さまとの関係もそれと同じや。見えへんからって、繋がりがなくなるわけやない。むしろ、呼吸する度に仏さまの力を借りてるんやで。

せやのに、心を自分で閉じてしまって、繋がりがわからんようになっとるんや。

悟東　自分から心を閉じていると？

お不動さま　せや！　心が閉じていると、仏さまがなかなか自由に動けんのや。「心の救済システム」が作動しづらいんや。例えば、スマートフォンの電波、あるやろ？　アンテナ立つやつな。建物の中にいると電波が弱くなるやろ？　でも外に出たら電波がバリバリ入る。心も同じで、閉じていると仏さまからのメッセージが届きにくいんや。でも、心を開いていれば、「なんかこの道を行きたくない気がする」とか、「この人に会っておいてよかった」とか、そういう直感の形で仏さまからのメッセージを受け取れるんや。

悟東　仏さまが動きづらいと、どんな感じになるんですか？

お不動さま　つまりな、心を閉じていると地図を持ってることを忘れて、道に迷うようなもんなんやで。

そぉなると、自分が世の中から切り離されたような感覚になって、自分の力や考えだけで生きていかなアカンなぁ〜って思って、色んな不安が心に湧いてくるんや。

悟東　なるほど、だから苦しくなるんですね。

お不動さま　取り巻く環境も人間関係も、すっかり自分とは切り離されたもんやと感じて、自分という個人の考えに縛られて、どう対処したらええかわからんで、悩み苦しむんやで。悟東はよくドツボにハマっとるやんか。

悟東　はい。よくドツボにハマっていますよ……。最初から切り離されているとしか思えないし。一体どうしたら幸せになれるんですか？

仏さまはいつも人生を味方してくれるんやで

お不動さま　そこなんや！　アンタらを幸せに導くためには、「歌を忘れたカナリア」に歌を思い出させなアカンねん！　つまりな、命の根源の大いなるものとの繋がりを思い出させなアカンのや。そのために、1人ひとりの個性に合わせ、たくさんの仏さまが働きかけるんや。

悟東　働きかけるって、どこからですか？

お不動さま　ええ質問や！　心の中からやで！

悟東　どんなふうにでしょう？

お不動さま　いろいろやで。ふと空を見上げて空の青さを見せたり、横を通り過ぎる人の言葉を印象的に聞かせたり、ラジオやテレビの特定の言葉が耳に残ったり、ふと入った本屋で気になる本があったり……そんなふうに、心の中から働きかけてきおるんやで。

悟東　でも、それって、気のせいだって思って、受け流しちゃうんじゃないですか？

お不動さま　ええか、身の回りで起こる物事をどう受け取れるかが、鍵なんやで！　偶然なんてないんや。なぜなら、本当はな、アンタの身の回りのことはすべて、アンタの心の中の反映なんや。

信じられへんかもやけどね。もし嫌なことが起こったら、冷静に自分は、なんでその状況を見ることになっているのかを、心の奥に問うてみるのがええんやで。

悟東　そうなんですか？

でも、お不動さま。私たちが、なかなか仏さまの働きかけを感じられないのは、どうしてなんでしょうね？　なんで、もっと楽に、簡単に幸せになれないのかなぁ？

お不動さま　この世に「個」として存在するための段階を踏んで、「個」としての実感を持つように育つから、そう簡単ではないんや。でもなぁ、この世に「個」として限られた命の身体を持って生まれるのは、すごく神秘的で感動的なことなんやけどな。

悟東　なんかピンとこないですけどねぇ。

ピーマンはピーマンだし、キャベツはキャベツだし、いろんな野菜とかは産地や栽培した農家でも違いがあったりするでしょ。人だってみんな顔も性格も違うし、聖徳太子は西郷隆盛ではないし……。「個」としての存在がしっかりしているとご神仏さまと繋がれないなら、何もかも繋がれないことになりませんか？

お不動さま　ちゃうねん。

言い方が悪かったたな。ええか、キミらはこの世に「個」としての存在しか認識でけへんのが普通なんや。

ただな、その「個」は永遠不滅の大いなる命から生まれ出て、また元に戻るまでの間の、かりそめの奇跡的な唯一無二の表現なんや。

例えるならば、大きな海の海水は1つやろ？　でも、風や気温や地球の自転やら月の動きやらの条件の違いで、海面にいろいろな波が立つやろ？

その波が「個」として自分を認識して海と波とは別物だと思い込むようなもんなんや。

波は「個」として認識していると、いつ消えるかとか、岩に砕けるんじゃないかとか、いろいろな不安や恐怖が出てくるわけや。

でもな、波が海と繋がっていて海の中の1つの表現だとわかると、波は海流に乗り地球の気温に関わっていたり、大陸を少しずつ削っていたり、小さく存在しているだけで大きな役割を確実に果たしている大事な存在だってこともわかってきてな、波は波という「個」を保っている間も、「波」から「大きな海」の意識になっていくんや。そして安心して波としておれるんやで。

人間はな、生まれてしばらくの間は永遠不滅の大いなる命と繋がっていることを覚えてるんやけど、すぐに個の感覚に飲まれてしもうて忘れてしまうんや。

で、閉ざされた個の中で、孤独や不安や恐怖を味わって苦しむことになるんや。せやから、仏さまらが救助に動き出すわけなんや。

悟東　救助に？　どんなふうにですかね？

お不動さま　まぁ、人によって状況は様々なんやけどな。その人によって、少しずつ少しずつ、徐々に心が開かれていくように働きかけるんやで。

悟東　仏さまらが幸せに導いてくださるって言っても、そもそも本人が苦しみやしがらみに飲み込まれてて、何が幸せかわかっていない場合もあるんじゃないですか？

お不動さま　よぉわかったな。そんなことが多いんや。

せやから、その人その人に応じて、仏さまが「アンタにとっては、こんなふうに生きると幸せを感じるで」とか、「こんな意外な生き方もあるで」とか、「アンタの中には、こんな能力もあるんやで」とか、「こうすると本来の力が発揮できるんやで」とか、本人が気づかなくてもわかるようにしてくれるんや。

悟東　それこそ、個人個人に対応してくださるんですね。すごいですね！

お不動さま　なにしろ、仏さまらのほうが、アンタら本人よりアンタらをようわかっとるよってな。幸せになるための最高の補佐役であり、頼りになる、なんでも知ってる支援者とでも言えるかもしれへんな。

悟東　そんなに頼りになる仏さまのサポートを実感できないのは、どうしてなんでしょうか？

お不動さま　それはな、仏さまのサポートを、本人が自覚なしに「受け取り拒否」

するからなんや。つまりな、心が閉じているんや。

悟東　心が閉じている？　海の例えで言うと、波が海であることを実感できない状況ですね。どうしたら心が開いて実感できますか？

お不動さま　せや、せや！　よぉわかってきたやん！

まず、逆にどないしたら心が閉じるかっていうと、一番大きな原因は「自己欺瞞《ぎまん》」や。自分の心に嘘《うそ》をついていると、心は自然と閉じてしまうんや。

見栄とか、名誉とか……。本当はただお金儲《もう》けがしたいのに、自分に崇高《すうこう》な目標をかかげて、そのために今は、お金や利益が最優先だと、無意識に自分の心に嘘を言い聞かせたり……いろいろな自分に対しての嘘やな。

悟東　お金や利益が最優先って……。何をするにもお金は必要ですから自然なことじゃないんですか？

お不動さま　でもな、自分の心に嘘をつくのは本来の幸せを感じる心を曇らせるんや。

心を閉ざさせる要因なんやで。

悟東　じゃあ、貧乏で何をするにもお金の心配ばかりしていても、よくないのですか？

お不動さま　よぉわかったな。そうなんや……。時として心配することが悪いことではないんやけど、お金のことばかり頭によぎるって意味では、利益優先の守銭奴はんと心の動きは一緒になってしまうんや。本来の心から離れてしまうんや。
　お金がないと何もできないから、自分のやりたいことよりもお金儲けを優先すべきだと自分の心に嘘をついて、結局心は閉じてしまうんやなぁ。

悟東　なるほど。海の波が自分の水が少なくならないように、常にキレイな水をたくさん求めて自分に入れようと努力するようなものですね。海水は繋がっているから自分だけ多くはできないのに……。そんな思いに飲み込まれてしまうってことですね。

お不動さま　わかるやろ？　利益やお金自体が人を幸せにすることはないんや。何か物理的に足りない部分は補塡されるかもしれんけど、その心でおると、次にもっと足りない部分が発生するねん。エンドレスな追いかけっこになって、本質を見失ってしまうんやで。

悟東　うーん、なんか怖いなぁ。

お不動さま　ほれ！　怖がったり不安がったりせんで、まず安心せぇや！　お金は天下の回りもんって諺《ことわざ》があったなぁ。あれやで。仏さまっていう最高の応援団が自分にはおるねんから、もっと安心せえや。

「今、困ってんねん。必要なお金は助けてぇなぁ」って、仏さまにすべてを曝《さら》け出して祈ったら、もう最強の応援団に任せるこっちゃで。いつまでも心配を握りしめて不安がらんで、心を開いて応援団に活躍してもらうんやで。

悟東　仏さまに祈ってお願いして、安心していても、それでもお金がなくて困った状況になることもあるんじゃないですか？

お不動さま　時として、そういうこともあるやろなぁ。

でも、安心せぇ！　そんな時にも仏さまが見放しているわけやないんやで。必ずなんとかなるんや。

悟東　ええ？　大丈夫なんですか？

お不動さま　それはな、とことん助けを信じることなんや。

ホンマ、大丈夫なんやで。

最初に生きることは頼って助け合うということだと言ったけどな、助けを真剣に求めることなんやで。プライドや建前はいらないでぇ。

気がつかなかったところに、意外と助けの手があることに気づくはずや。

赤ちゃんの時に3つの生きる基本があったやろ？

せや、必要な時は、泣き叫んで周りに助けを求めるんや！

そしてな、ふっと頭に、今まで考えもしなかったようなアイデアが湧いたりする時は、それを恐れずに実行してみるんやで。びっくりすることが起こるかもしれへんで。だから、大丈夫なんや。安心しいや。

悟東　なるほど、そうですね。

お不動さま　それとな、いろいろな状況に、ご神仏の教えが示されていることもあるんやで。お金がないことで詐欺《さぎ》に遭《あ》わないで済むということもあるやもしれんし、困って借金をしてしまったとしても、何もないところからそれだけのお金を貸してもらえるっていう潜在能力がアンタにはあるんやでって教えてくれることもあるんや。

いろいろな状況の中にご神仏の意向を見出すように心がけるとええで。

どんな些細なことでも祈っていい

悟東　お不動さま、仏さまはいつも守ってくださっているのなら、わりと日常の小さなお願いでも聞いてくださるのですか？

お不動さま　もちろんやでぇ！　むしろ最初は、簡単なお願いをしてみるのがええんちゃうかな。何度も言うとるけどな、仏さまと繋がるには心を開かないとアカンねん。

悟東　はい。耳にタコができました。

お不動さま　すごく大きな祈りとか、崇高すぎるお願いとかは、祈った自分も現実味がなかったりするもんや。どこか建前的な思いが混ざってたり、どうせ無理だろうな、なんて不遜な思いが混ざってしまったりするもんや。

悟東　そうかもしれませんね。

お不動さま　「世界が平和になりますように」という祈りは、崇高で本当に大事なんやけどね。その祈りに実感を持って、心の底から祈るのは、現在の平和な日本では、戦争を体験した世代でないとピンとこないかもしれへんよね。

悟東　確かにピンとこないです。でも、ピンとこない平和な日本が続くことを祈りたいですね。

お不動さま　たとえば悟東には「お尻のおできが痛くて座れません。お尻のおできが治りますように！」という祈りの方が切実で、心を開いて祈れる可能性が高いんや。

悟東　お不動さま、言わないでよぉ！　でも、確かにそうですね。切実です！

お不動さま　せやから、小さな日常の中のことを仏さまに祈ってお願いをして、仏さまに心を開く習慣をつけるのも、ええんやで。「ちょっと腰が痛くてしんどいから、痛みが取れますように」とか、「今日1日、家族が元気でありますように」とか、「部屋の掃除がしんどいので、いつも部屋がキレイに片付きますように」とか、色々あると思うで。

悟東　まぁ、日常の中にはいっぱいありますよね。

お不動さま　実はな、この中にとても大事な要素があるんや。身近な小さいことだと、祈り自体に自分が執着することもないから、祈ってから仏さまに、まるっと祈りを託すことができるんや。

悟東　仏さまに託す？

お不動さま　せや！　祈った後に、なんとしても叶えたいとかいう祈りへの執着をしないことが、とても大事なんや。サラッと祈った後には、仏さまにそれをまるっと託して、自分は祈ったことをしばらく忘れていてもええくらいなんや。

悟東　え？　忘れていてもいいんですか？

お不動さま　せやな！　でな、ここが大事なんやけど、結果が出たら、それが自分の気持ちに沿っていようが、そうでなかろうが、結果をまるっと受け入れる必要があるんや。

仏さまから見た、自分にとっての最善の結果やからね。

悟東　願いとは反対のことが起こっていても?

お不動さま　仏さまはキミらが決してわからない奥の奥まで見通して、一番幸せになる選択をしてくれおるから、どんな結果であろうと、ありがたく素直に受け取っていくと、どんどんいい方向にむかっていくんやで。どんな結果でも、ありがたく受け取るってことも、小さな日常のことだと受け取りやすいやろ?

悟東　う～ん。「天気になるように祈ったのに雨かぁ。ま、仕方ないな。何か雨でもいいことがあるだろ」……って感じですかねぇ……。

お不動さま　自分が望んだことに反するよくないことが起こってしまっていて、それを憤慨して否定したり、落胆したりしているとな、ご神仏さまのせっかく幸せに導こうとしている道を、途中で拒否してその道から外れることになってしまうんや。

どんなことが起こっても、まず、しっかりと受け止めることが大事なんやで。

悟東　そ、そうですね。でも、心がけていないと嫌な出来事は否定してしまいそうですね。

お不動さま　せやから、日常の些細なことこそ祈ることで、練習をして心の習慣づけをするのは大事なんや。その繰り返しで、祈る時に心を開くことや、祈りに執着しないことや、必ず結果を素直に受け取るってことができるようになるんやで。

悟東　日常のちょっとしたことを仏さまに祈っていたら、本当に自分では何もしなくなってしまうんじゃないですか？

お不動さま　んもぉ、わかっとらんのぉ！　生きるってこと自体が、祈るってことなんや！　生まれて初めての息の中にも、「この世で、この身体で生きていきたい！」っていう祈りがあったはずやで。

悟東　そうか！　そうだった！

お不動さま　仏さまに祈って任せることで、自然と自分の行動が幸せになる方向に流れ始めてくるもんやで。

「バチが当たる」って本当にあるの？

悟東　お不動さまはよく怒っていますけど、ご神仏のバチが当たるってことは、本当にあるんですか？

お不動さま　せやなぁ。神社の神さまやお寺の天部《てんぶ》の尊《みこと》（弁財天《べんざいてん》や毘沙門天などの天界の尊）にお参りするときに、祈った時の約束を破ったり、境内の物を勝手に持っていったりするような失礼をすると、その尊の部下である眷属《けんぞく》にしかられることがあるよって、まぁ、それをバチが当たったって世の中では言うようやなぁ。

悟東　そんな感じなんですか？　モヤッとしてますね。

お不動さま　あと、神社の神さまに関しては、「死」を穢《けが》れとしていて、自分の親族が亡くなってから50日の間はお参りしたらあかんのやで。それを破って参拝すると熱を出す人が実際にいるよって、それを世間ではバチと言うのかもしれんなぁ。

悟東　なんで神さまと天部の尊がバチを当てるとよく言われるんですか？

お不動さま　神社の神さまや天部の尊は、菩薩さまや如来さまに比べて、人間に近い立ち位置におられるので、この世で人間に物理的な力を及ぼしやすいのと、周りにいてアシスタントをされる眷属という存在は、まだ修行の途中であったりするんや。だから、お参りする人が、あまりに失礼であったり、自分勝手であったりすると、眷属がしかることがあるかもしれんね。

悟東　バチって何か怖い感じがするから、それが怖くてお参りできない人もいるかもしれないですね。

お不動さま　安心せぇや。まぁ、厳密に言えば、バチなんてないんやで。

バチというより、多くの場合が「これはちょっと方向が違うで」って、アンタが幸せになるためには、これじゃないほうがええでって状況の時にな、その人がよろしくない方向へ行っていることへの警告や注意喚起という意味合いが強いんや。

すべてはその人が幸せになるためのことでしかありえないんやで。

悟東　ふむむ。注意喚起なんですね。

お不動さま　せや！　ご神仏の注意喚起は、すごくありがたくて大事なんやで。

バチとかいうよりも、救いなんや。

悟東　救い？

お不動さま　せや！　思い出してみ？　パッと気がつくってことがあらへん？

悟東　そういえば！

もう昔の話になりますが、私の夫はご神仏さまを信じることができない人で、荒《こう》神《じん》さまの神社で荒神さまに大変失礼なことを言って怒って帰ってしまったことがあったんですよ。でもね、家に帰ってからそのことを話そうとして「荒神さま」という単語を夫が言おうとしただけで、夫の身に喘息《ぜんそく》の大発作が起こったんです。何度も何度も。当然、私はバチが当たったとその時に思ったんですけどね。

だけど、実は夫は子どもの頃からご神仏さまを信じることができなくて悩んでいたということを最近知ったんです。夫は喘息の苦しさの中で、荒神さまに「信じます！」と言ったそうです。心から「信じる」ということを宣言したのだそうです。その時を境に、荒神さまの名前を口に出しても喘息の大発作が起こることはなくなりました。

現在、夫はすっかりご神仏さまに対して信仰深くなっており、件の何度も続いた喘息の大発作をありがたかったと感じているそうです。

お不動さま　な。バチではなく救いやったろ？

悟東　確かに、夫は信じることができるようになって、幸せな日々を送っています。

お不動さま　だからな、何か特別なことが起こっても恐怖や不安にならないで、受け止めることが大事だってことがさらにわかったやろ？

お不動さまがコップの泡で教えてくれた命の危機

悟東　でもねぇ、お不動さま、仏さまが毎日細かく見守ってくださっているっていうことを実感するのは、難しいんじゃないでしょうか？

お不動さま　そうだ！　悟東！　アンタには、わかりやすい体験があったやんか！　コップの泡でお前に知らせたやろ？

悟東　ああ！　そうだった。あれはトラウマになる出来事でしたね。

お不動さま　せや、それや！　皆さんに知らせてみぃや！

悟東　コホンッ、では皆さま、ちょっと私の体験を紹介しますね。ウチで知人のAさんを預かっていた時の話です。

ある日、いつものように私が手作りの密壇（真言密教の祈りの祭壇）で、お不動さまを拝んでおりました。お不動さまの前には、お茶やお仏飯の他に、コップでお水を供えていたんですが、不思議なことに、そのコップの水の底に小さな泡が数個つく時には、少ししてから身内に不幸があったり、何かしら事件が起こったりする傾向がありました。

それを私は、お不動さまが知らせてくださっているのだろうと解釈しておりました。

お不動さま　せやで！

悟東　ところが、ある日、そのコップの底に、何十という泡がビッシリとついたんです。そして、その日から、次の日も、その次の日も！　コップの底にはビッシリと泡がつき続けました。

私は霊能力者ではないので、お不動さまを祈っている時だけ、お不動さまのメッセージを受け取ることができるんですが、その泡による恐怖心のせいで、祈ってもちゃんと受け取ることができなかったんです。

お不動さま　せや！　あん時はワシも大声で知らせとったんやがな、悟東の奴ビビってて受け取れへんかってん。

悟東　そりゃあ、怖いですよ！　……で、続けますよ。

泡がいっぱいつき始めてから3日目の祈りが終わった時、頭の中に何かが大きく響いたんですよ。

お不動さま　それ、ワシの言葉やってん。悟東がなかなか気づかんよって、苦労したで。ワシはこう言ったんやったな。

「ダイニングキッチンの刃物をすべて、見つからないように隠せ！」

悟東　そうです！　私の頭には、言葉というよりは意味の塊として投げ込まれた感じだったんです。各種包丁、ナイフ、カッター、あらゆる刃物を集めて、紙袋とタオルに包んで、私のタンスの肌着を入れている引き出しの奥にしまい込んだんです。

お不動さま　隠す場所を指定したのもワシやで。

悟東　刃物をしまい込んでから1時間もしないうちに、2階から階段を、すごい勢いでAさんが下りてきて、ダイニングキッチンに入ってきて……。私は襖《ふすま》1枚を隔てた隣の部屋にいたので、その様子がよく伝わってきたんですよ。まず、包丁がいつもあるキッチンの棚の開き戸を開ける音がして……。「ない！　なんでないんだ！」とAさんの異様な声が響きました。

そして、キッチンのあらゆる扉や引き出しが開けられる音が荒々しく響いて……。鍋の奥まで探しているようでした。私は隣の部屋で、息を潜めてAさんの様子をうかがっていました。「ない！　ない！　ない！　どこにもない！　チクショウ！」とAさんは探すのをやめて、またすごい勢いで階段を駆け上がり、自分が寝起きしている部屋に入り、そこらじゅうの物に八つ当たりしているらしく……。「ウオォー！」奇声と共に、ドカン！　バキン！　と大きな音を立てていました。しばらくすると、Aさんは疲れてしまったのか、眠ってしまったようでした。私は本当に、ただただ驚いて震えてたんですよぉ……。

お不動さま　あれはなぁ、Ａさんも辛かったんや。苦しかったんや。わかってやりいな。

悟東　そうなんですよね。私も至らないことが多かったと思いますし……。

お不動さま　あの場合、仕方なかったんや。悟東に家庭的な優秀さを求めるのは、犬に猫になれって言うようなもんやでなぁ。

悟東　……お不動さま、そこまで言います？

そのＡさんが落ち着いてから聞いてみたら、思い悩んで常軌《じょうき》を失い、発作的に自殺をしたくなり、刃物があれば自分を刺して死ねると思って刃物を探していたと言いました。Ａさんが自殺を実行できなくて、本当に……よかったです。その後、Ａさんは新しく出発すべく、引っ越していきました。

お不動さま　挫折の後は、新しい出発や。善きかな。

悟東　命を、まさにお不動さまに救われたのです。どう考えても、それは気のせいではなく事実であり、現実だと実感しました。仏さまに助けを求めたら、安心して真摯に信じて、身の回りの小さな事柄からも救いのメッセージを受け取れたら、物事は好転していくように思うんです。

お不動さま　悟東！　よぉ言うた！　せやで！

悟東　もしかしたら、我々はお寺参りなどでご縁をいただいた多くの見えない仏さまの救いを、知らず知らずのうちに日常生活の中で、いっぱいいただいているのかもしれませんね。

目には見えなくとも、どんな困難も決して自分1人で背負っているわけではないのですよね。たとえ困難な状況にあっても、自分にはとても頼れる仏さまという味方が、決して離れずにいてくれると思うと、本当に心強いです。

お不動さま　わかっとるやん。

ワシを含めてご神仏は、とにかく漏れなく皆を幸せに導こうとしておるんやで。

人間には見えない因果の流れや、それをも超えた流れを、その人各々の中に見て、しっかりと幸せに向かうように導いているんやで。

尼僧・漫画家 の日常（帯）

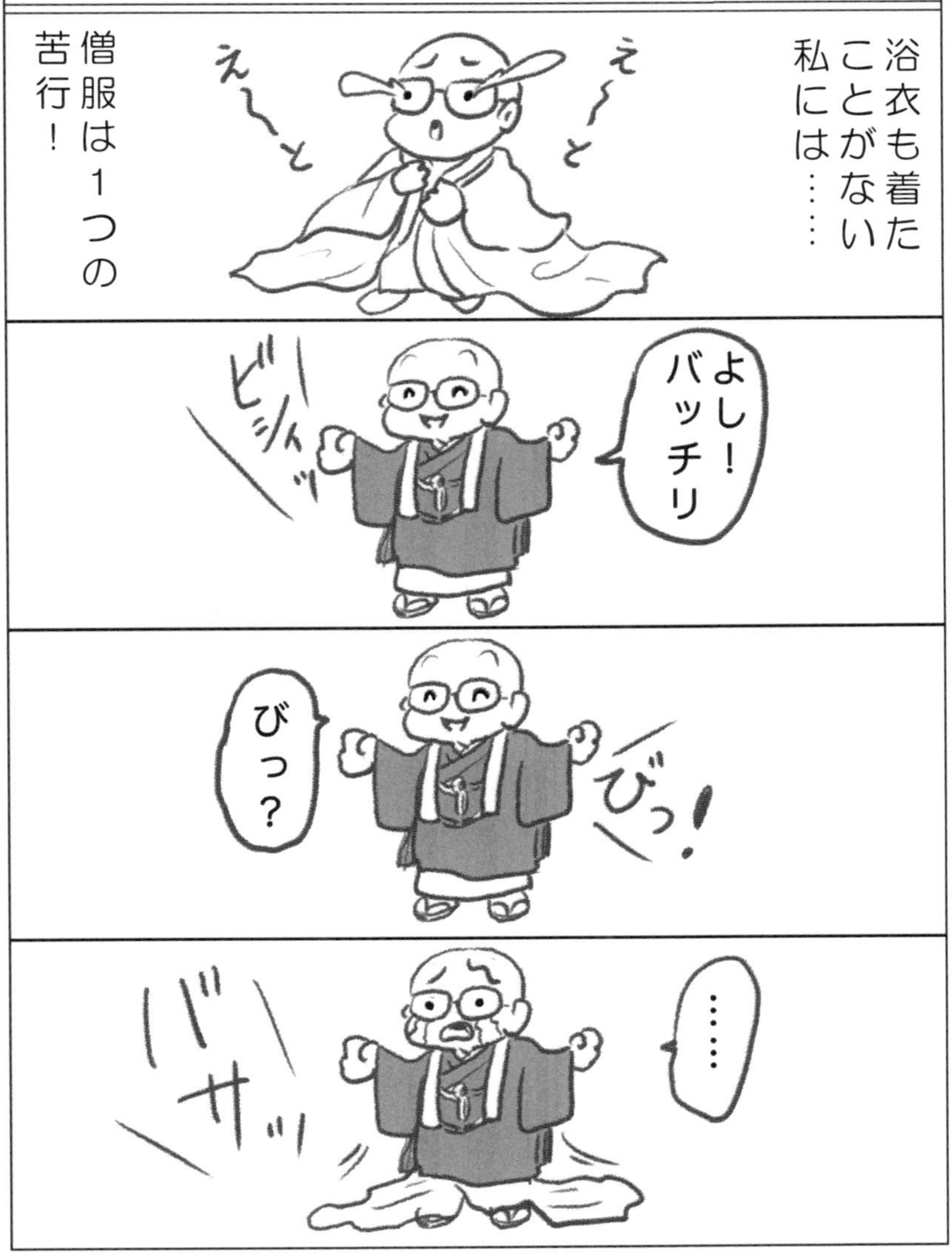

尼僧・漫画家の日常（転）

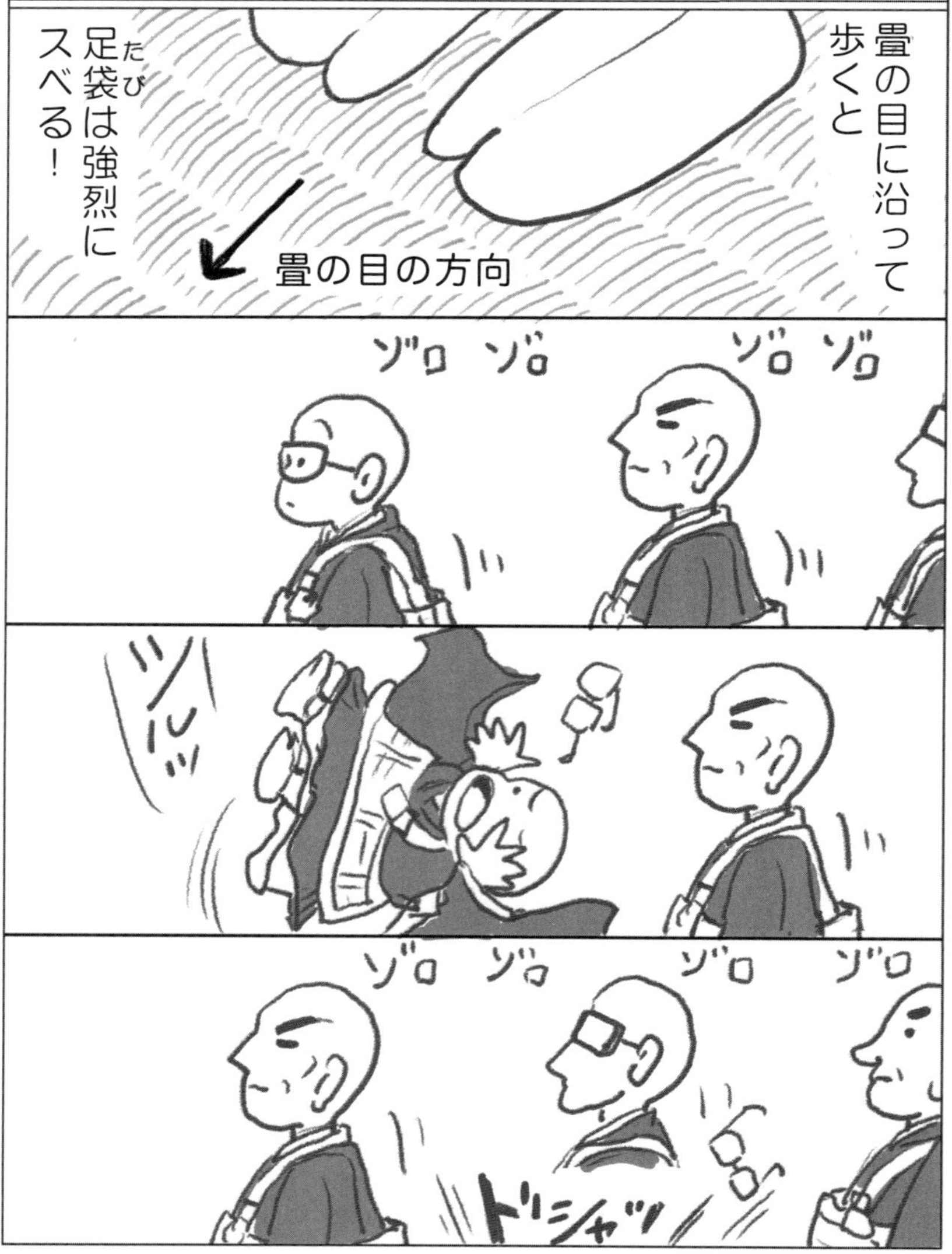

畳の目に沿って歩くと
畳の目の方向
足袋《たび》は強烈にスベる！
ゾロ ゾロ
ゾロ ゾロ
ツルッ
ゾロ ゾロ
ゾロ ゾロ
ドシャッ

第 2 章

不安や心配によく効く薬ってなんや？

不安への手っ取り早い対処法を教えて！

悟東　あのぉ、お不動さま、私ってすごく心配性で、どうしても不安になっちゃうことが多いんです。今の時代って何かと不安が多いって言われますけど、その不安ってものの正体ってなんなんでしょうね？

お不動さま　あーあ、悟東の頭脳は、相変わらずのんびりさんやなぁ。

不安の正体はな、自己保身なんやで。もしくは「個」の保身。

悟東　え？　自分が無事でいたいっていう……自己保身ですか？

お不動さま　せや。つまりな、「個」としての自分や、自分を取り巻く家族や親しい人らが、物理的にも社会的にも今の状況を維持できなくなったり……、それらを突き詰めると、行き着くところは「自分の命の危険」にさらされることへの拒絶感なんや。

悟東　つまり、自分を守るために不安になっているってことですか？

第1章にあった波の例えで言うと、波が消えるのを怖がるってことですか？

お不動さま　そうや！　やっとわかってきたんか。守るっちゅうてもなぁ。いろいろやで。名誉だったり、地位だったり、信頼や信用だったり、お金だったり……。もしかして、それが壊れてなくなってしまって、キミらが今までと同じような人間関係や、仕事や生活ができなくなる可能性を恐れて心配して、不安になるんやで。

悟東　そりゃーそうですよね。自然災害はいつ来るかわからないし、誰にいつ、どんなふうに批判されるかもわからないし、いつ何でお金が足りなくなるかもわからないし、自分や家族の健康だって予想がつかないし、誰だってやっぱり死にたくはないもの。

お不動さま　せやろなぁ。

悟東　不安って、一度起こるとどんどん大きくなっていくように感じるんですけど……。いったいどうしたらいいんでしょうね？

お不動さま　そこなんや！

不安や心配は必ずしも全部悪いもんやないんやけどね、自分の身体を守るための行動を取ったりできるわけやし。

　でもな、今の自分にできることをした後でも、余分に心配して不安がっていると、その不安は心の中でどんどん大きくなっていくんやで。やっぱりダメなんじゃないかとか、いろいろと不安が湧いてきたりするんや。で、さらには焦《あせ》って自分で不安を増大させるような行動に走ってしまったりするんやで。

悟東　……不安が増大するってヤバくないですか？

お不動さま　人事を尽くして天命を待つ、って言葉を知らへん？

悟東　なんか聞いたことはありますけど、不安とどういう関係なのか……。

お不動さま　まぁ、……悟東やったらわからんかもな。

　つまりやな、たとえいろいろやることが中途半端な状況でもな、今自分にできることをやったら、後は仏さまや神さまにお任せするっちゅうこっちゃで。

悟東　お任せしちゃっていいんですか？

お不動さま　せや。人間の視野は大いなる仏さまや神さまに比べると、ものすごく狭いよって、いろいろと不完全なのが当たり前なんや。

でもな、そこにご神仏さまの力が加わって、その人間が本来進む道に進ませてもらえるようになっているんや。

つまりな、大いなる存在に任せるということのもとでなぁ……欠点だらけのままで人間は完璧なんやで。

悟東　う〜ん。それって勇気が要りますよね……。

ねぇ、お不動さま。現代って情報が多すぎるから……なんでもかんでもスマホで見られるし。便利なんですけど、時として情報が心の負担になって、さらに不安にもなるんじゃないのかなぁと思うんです。

お不動さま　コラ！　悟東、わからないからって話をすり替えたな。💢

確かに多すぎる情報に迷うこともあるやろけどね……。もっと根本原因があるんやで。第1章でも何度も言ったけれどもなぁ。本当はなぁ、不安の一番の原因は、人間が「個」として、ご神仏さまから切り離された存在だと思って孤立していると感じているからなんやでぇ。

悟東　しつこいようですが、切り離されていないで繋がっているとは、やっぱり、なかなか実感できないんですよね。

私は私だし、お不動さまや他の仏さまや神さまもそれぞれ別のものに感じてしまう。むしろすべてが繋がって1つ、とかいう実感は難しいと思いますけど……。

無意識に切り離されているって感じちゃうのって、まぁ、普通じゃないんですか？

お不動さま　おいおいお〜い！　悟東！　まだそんなこと言うとるんかい！　悟東はなんでワシと話ができるん？　アンタが祈っとる時はワシとの繋がりを再確認できるからやあらへんの？　不安になるとワシの言うことわからへんやん。

悟東　た……確かに……。そう……なんだと思うんですけどぉ。

お不動さま　だまらっしゃい！「思うんですけどぉ」やって？　不安がらずに信じて任せときぃや！　……悟東はまだまだ信仰心が足らへんなぁ。

信じることの勇気

悟東　そんなこと言ったって、任せるって、具体的にはどんなんでしょうね？

お不動さま　まぁ、よく誤解される部分でもあるわなぁ。不安を大きくする1つの原因はな、自分の思い通りに事を進めたいというかたくなな欲なんや。それが「ご神仏にお任せする」という心をにごらせてしまうんやで。

悟東　思い通りにしたいって欲ですか？

お不動さま　せや。なぁ、例えば1人のある女性がカリスマ美容師の腕に惚《ほ》れ込んで、「お任せするんで私にぴったりの髪形にして！」と頼んだとするやろ？……で、出来上がった髪形をその女性は気に入らなかったとする。で、その女性はどうすると思う？

悟東　怒ってやり直しさせるか、他の美容院へ行くんじゃないですか？　それとも家に帰って、鏡を見てシクシク泣くんでしょうかね？　私は髪がないんでよくわかりませんが……。

お不動さま　もし、その女性がやり直しさせるか他の美容院へ行ったとしたら、その女性は心からそのカリスマ美容師を信じてはいなかったし、任せたわけでもなかったんや。

悟東よ、その意味がわかるか？

悟東　ただ任せて失敗した、ってことなんじゃないんですか？

お不動さま　信じて任せたら、その結果も信じて任せるってことなんや。

悟東　不本意な結果も、ですか？

お不動さま　せや。たとえ自分では最高って思えない、むしろ失敗って思える髪形でもな。そのカリスマ美容師にとってはその女性を一番素敵に見せる髪形なんやで。かたやその女性は、鏡でしか自分を確認できていないわけや。いろんな方向から自分を客観的には見ていないんやで。

カリスマ美容師は髪質や髪形を知り尽くして、頭の形も考慮して、最高に似合う髪形を作り出したわけや。

だから、信用して任せたのなら、最後までそれを信用することが大事なんや。その髪形で外を歩いたら、家族や友人は、その髪形の素晴らしさを語ってくれると思うで。なにしろ、自分では離れて自分を見ることはできんよってな。

悟東　確かにねぇ……。自分の姿は直接見ることはできませんものねぇ。

お不動さま　せやで。ご神仏さまにお任せする時も同じなんや。

悟東　確かに。自分をご神仏さまほどしっかりと俯瞰《ふかん》はできていませんものね。

お不動さま　せや。ご神仏さまは、人間には決して見えない、いろいろな状態を見たうえで、ベストを導き出してくれるんや。

本人は結果や思うても、それは途中であることもあるんや。せやから、その人にとっては、その場では不本意な結果が示されるやも知れへん。

しかしな、状況に応じて遠回りが一番よい選択肢の場合もあるし、その遠回りが結果的には近道であることは人間には見えへんのや。たとえ失敗した！　って思うことが起こっても、それは方向性を正すために仕組まれていることもあるんやで。

だからな。仏さま神さまにお任せしたら、途中経過も含めて、最終的な結果までを信じて任せるんが大事なんやで。途中で短気を起こさんこっちゃで。

悟東　でも、つい目先の結果を気にしちゃいますよね。気をつけていないと、忘れてしまいそう。

お不動さま　ええか、ご神仏さまはアンタが生まれる前からすべてを知っているんやで。生い立ちや性格、癖《くせ》とか全部ご存じなんや。自分を隠し立てせずにすべてを曝け出して、信じて頼ってええんやで。それで「個」としての限られた自分の力だけではなくなるんやで。いろいろと可能性が広がるんやで。

信じるということはあなどりがたい巨大な力

悟東　信じることって、そんなに大きな力になるんですか？

お不動さま　そりゃ、そうやで、悟東。
信じることは、大いなる存在との繋がりを実感することなんやで。
ちょっと想像してみ？　個と思うてる自分の心に繋がっているのは、ワシもそうやけど、ご神仏さまやで。宇宙レベルで自在に動ける存在や。宇宙やで、宇宙！　でもな、本当はその宇宙がいっぱいあって、そのすべての宇宙を飲み込むくらいのレベルなんやで。でも、悟東のちっちゃな想像力では追いつかんやろ？

悟東　う〜ん。想像力を超えますね。

お不動さま　観音さまのお経の中にはな、観音さまの力を信じて念じることでな、どんな危機一髪の状況も一瞬で回避できると書いてあるんやで。たとえ山から突き落とされても、観音さまの力を信じて念ずれば、太陽が空にあるように、空中にとどまって落ちることはないと書いてあるんや。常識を超えた世界やろ。

悟東　悔《くや》しいですけど……、ホントに私の想像力では追いつかないですよぉ。

私は至らないけど、仏さまに祈っていると、仏さまの世界は自分の想像力なんて遥かに超えているなぁって感じますもん。

実はね、私は想像力が豊かなほうだって自分では勝手に思っていたけど、そんなもんじゃまったく追いつかなくって……。仏さまの世界は、個人の想像なんて枠には決して入らないんだなって。祈っていて本当に自分の想像力の小ささを思い知らされちゃいます……。

でも、そんなにすごいご神仏さまと繋がっているのに、むしろ自分の無力さを感じることの方が、人生では多いように思うんですけどね。

お不動さま　それはな、やはり、キミらがご神仏さまをブロックしとるからなんやで。

ご神仏さまと繋がっている心のパイプに栓《せん》をして、固く閉めてしまうようなもんやからなんや。まさにご神仏さまの力を「受け取り拒否」しとるんやね。

悟東　うう〜ん。ブロックしている実感はないんだけどなぁ。どうしたら、そのブロックは解けるんですか？　誰かにそのブロックを……心を一気に解いてもらうことができたりするものですか？

お不動さま　ご神仏さまに心を開くって練習は、第1章でも教えたんやけどね。ご神仏に繋がる祈り方やら瞑想法やらを誰かに教えてもらうことはできるんや。

けどね。自分自身と、自分の心の奥で繋がっているご神仏さまでなければ、自分の心は開けられへんねや。ただ時に、修行や瞑想などで一瞬にして心が開いてしまうこともあるんやけどね。

心を開くということを外に求めないことが大事なんや。

悟東　私なら、一瞬で心を開きたいですけどねぇ。

お不動さま　ううむ。悟東らしいあまり考えていない返事やなぁ……。一瞬で……

ってのは、密教の醍醐味でもあるんやけどね。それを意識して目指すと、強いこだわりになってまって、多くの場合はかえって遠のいてしまうってこともあるんやで。

その人の意識レベルによって、心が開いていくプロセスは違うんや。かかる時間も状況も違うはずやで。

悟東　じゃあ、私のようなにぶい人間は、どれだけ時間がかかるか、わからないってことですか？

お不動さま　にぶい悟東でもな、自分にご縁のある方法で自分の心に向かっていくと、少しずつでも確実に仏さまとの繋がりが実感できるようになっていくんや。

そりゃもう。時として、仏さまとの隔たりとしてある何十枚何百枚とある薄皮を、1枚ずつ剝《は》いでいくようなもんやで。大丈夫やで。

悟東　何百枚……なんか絶望的な気分になっちゃいますよね……。

お不動さま　安心せぇや！　薄皮は剝がれ始めると、わりと早いでぇ。にぶい悟東もワシと意思疎通でけるようになったやんか。

信じることの落とし穴

お不動さま　ご神仏さまとの繋がりが実感できていくと、その力も実感できるんや。でもな、実感するということは、盲信するというのとは違うんやで。

悟東　実感と盲信って……どういうことですか？

お不動さま　実感と盲信の違いを知っておくのは大切やで。

瞑想したりご真言《しんごん》を唱えたり、それぞれご縁のあった方法でいいから、自分の心を見つめていくとな、気がつかないうちに自分のいろんな視野が広がって、不思議と価値観までもが変わっていくんや。

それによって世界観も変わっていくとな、仏さまや神さま……大いなる存在を自分で少しずつやけど、しっかりと実感できるようになっていくんや。

悟東　ふむふむ。何か少し実感が湧きそうですね。

お不動さま　典型的な盲信とはな、「何か」を、すなわち人の言葉や肩書きや見かけや勝手な思い込みなどを、心の奥からモヤッと感じる疑問や違和感を無視して、「信じ込んでしまう」ことなんや。

すっかり「信じ込んでしまった」その何かは、自分の心に直接繋がっている仏さまや神さまからのメッセージではないから、本人を必ず幸せに導くとは限らないんや。

せやから、自分が納得いかないことや、変だなって思うことは、決して丸呑《まるの》みするように信じるのではなく、一旦立ち止まって、よくよく自分の心の奥の仏さまに問い合わせてみる必要があるんや。

悟東　それって、たとえばお釈迦《しゃか》さまの言葉でも？

お不動さま　せやで！

お釈迦さまかて、弟子たちに「私の言葉であっても納得がいかなかったら、それは飲み込んではいけない」っておっしゃっておるんやで。

どんなに有名で権威がある人の言葉でも、納得がいかないことを丸呑みして信じ込んではいけないんや。

自分の心の奥の大いなる存在に自分で問い合わせて、しっかりと自分で判断することが大事なんやで。「本当にそうなんやろか？　自分の心から納得いくか？　自分の繋がっている仏さまはなんと言っているだろう？」って問い合わせることはとっても大事なんやで！

たとえ目でしっかり見ておっても、錯覚という現象があることは知っとるよな？

悟東　あ、だまし絵って錯覚を利用した不思議な絵がありますよね。

お不動さま　せや！　あれやで。目で見えているからって安心はでけへんのや。耳かてそうなんやで。しっかり聞いているつもりでも、聞き間違いや幻聴なんてこともありえるし、嘘を聞いていることもあるんやで。

悟東　ええ〜？　目も耳も信用できないんですか？　生活できないじゃないですか！

お不動さま　あ、生活は普通でええんやで。

でもな、よく実生活でも誇大広告とか、オレオレ詐欺とか、目も耳も欺《あざむ》く輩がおるやろ？　意外とな、人間は自分の目で見たことや聞いたことに絶対の自信を持ってしまう人らが多いんや。だます側には、そこに付け入る隙があるんや。

悟東　心の奥で大いなる存在であるご神仏さまに繋がるって話が、いつの間にか、オレオレ詐欺の話になっているんですけど？

お不動さま　ええか悟東！　今の話がそこに繋がっとるんや！

人に言われたことや、自分で見たことや聞いたことでさえ、決して権威や名声や見た目や耳に優しい都合のいい言葉に誤魔化されないでほしいんや！

……大事やから何度も言うけどな……、ちゃんと自分の心の奥の大いなる存在を通して確認して、自分で判断することが大事なんや！

悟東　でも、さっきはカリスマ美容師の作った髪形は自分で気に入らなくても最高の出来栄えの可能性があると言ってたじゃないですか？　なんかよくわからないです。

お不動さま　あの話は、自分が惚れ込んで選んだカリスマ美容師に「信じて任せる」って決めてからの話やで。でもまぁ、カリスマ美容師を名声や権威で選んだのであれば、やはり盲信と同じことかもしれんな。

悟東　う〜ん、心の奥の大いなる存在に繋がっていて、そこに問い合わせるって簡単じゃないように感じるんですけど、いったいどうすればいいんですか？

お不動さま　今は難しく考えんでええよ！

ご神仏さま――心の奥で繋がっている、大いなる存在に思いを馳せてから、判断が必要なもののことをじっと感じてみるんや。

「これでいい！」って思えたら、それでいいんやで。まぁ、直感と思うてええんちゃうかな。

ただな、なんかモヤモヤしたり、引っかかったりしたら、そのことは少し立ち止まって考えた方がええってことなんやで。

悟東　簡単なよ〜な、難しいよ〜な……。判断に自信が持てませんヨォ。

お不動さま　普段からよう練習したらええねん。例えばや、スーパーにキャベツを買いに行ったとしてやな。行ったら店頭のモヤシが美味しそうに見えたとするやん。

でな、キャベツを買おうかと思ってたけど、モヤシにしようかなって迷ったとするやん。そんな時に、自分の心の奥の大いなる存在に問い合わせてみるんや。

悟東　えぇー？　そんな簡単なことを聞いていいんですか？

お不動さま　ええんやで！　24時間いつでも大いなる存在は繋がっておるんやから、むしろ意思の疎通を円滑にできるように練習した方がええんや。理屈ではなく心の奥に問い合わせるんや。

でな、モヤシを買って帰るとするやん。家で確認したら、キャベツを使って作る予定だった料理には、実は調味料が切れてたりして、モヤシを買ってきてよかったなぁってことになったりするとしたら、心の奥に問い合わせての成功例やで。

悟東　え？　成功例ってことは、失敗もするってことですか？

お不動さま　せやで。失敗もある。この例で言うと、同じモヤシを買って帰っても、実はモヤシが傷んでいたり、モヤシで作る料理に何かが足りなかったりするときは、心の奥の大いなる存在との問い合わせがうまくいかなかったな、ってことなんやで。

でな、うまくいかなかった時にはどんな状態やったかを思い起こしてみるんや。安さだけに気を取られてたとか、近くで知り合いが同じものを買ってて、つられちゃったとか。買った時の状況を思い出して、きっかけが何かなかったかなって自分の心を見てみるんや。
そんな感じに習慣にすると、だんだんと自分の心の奥へのアクセスの仕方がわかってくるんや。何事も修行になるんやで。

悟東　そんなんでいいんですか？　心の奥に問い合わせを繰り返していると、本当に誰でも心の奥の大いなる仏さまと意思疎通できるようになるんですか？

お不動さま　大丈夫やで！
ええか、小さな積み重ねが大きな自信になって実感を持って感じることができるようになるんやで。くれぐれも、見栄や欲望から盲信に走るんやないで。

修行者でも「信じる」ことへの落とし穴がある

悟東　う～ん、「実感」と「盲信」……。盲信に陥るのって、本人には判らないものなのかしら？

お不動さま　悟東！　有頂天って言葉を知っとるか？　つまりな、三界のてっぺんやで。修行してもなかなか辿《たど》り着けんところや。

悟東　そのてっぺんって、すごく偉い人がいるんじゃないんですか？　でも、「有頂天になってるぞ」って褒め言葉じゃないですよね。どうしてだろう？

お不動さま　まぁ、てっぺんなんやけどね……。実は、そこが一番足を踏み外しやすい場所なんやで。

修行をすごくいっぱいして有頂天に到達すると、どんな望みも叶えられるとか言われたりするねんけど、そこですっかり嬉しくなったりしてな。周りのほとんどの人は当然そこにはまだ到達しておれへんから、周りの人をつい見下したりするとな、一瞬で奈落――つまり地獄の底まで落ちるんや。

悟東　そんな、てっぺんまで行ってそんな恐ろしいことが……。

お不動さま　せや。そこは本当のてっぺんではないっちゅうこっちゃ。

何かを比較したりして、自分だけは特別だとか自分だけは偉いってことを喜びとする信じ方も、盲信ってことになるんやで。

悟東　ううっ、特別って言葉は確かに誘惑的な……。

お不動さま　「アンタだけ特別！」って詐欺師がよく使う言葉らしいやん。ついでやから、雑学として少しだけ悟東に「特別に」教えたる（笑）。

修行者がうんと修行してな、あと少しで悟りを開けるって時に、それを邪魔する弊魔《へいま》っちゅうのが現れんねん。

悟東　弊魔……なんですかそれ？

お不動さま　聞かん言葉やろ？　その弊魔はな、仙人やご神仏っぽい尊い姿をして、修行者の前に現れるんや。でな、こう言うんや。

「お前は見所がある特別な存在だ。お前にだけはこっそりと真実を見せてやる」

でもって、その修行者の前に、地獄に落ちて苦しむ如来や菩薩の幻影を出して見せるんやで。そらもぉ、リアルに恐ろしい姿に見せるんや。で、こう言うんや。

「お前もこのまま修行を続けるとこうなるぞ！　今ならワシの言葉に従ったら、お前だけ素晴らしい世界に連れて行ってやるぞ」

この弊魔の言葉を聞いて信じて、たじろいだら、その修行者は悟りへはもう辿り着けないんや。

地獄のほうがまだ悟りへの活路があるけど、ここでたじろいだらもう悟りへは向かえないんやで。

悟東　あと少しで悟りに至れる修行者が、そんな落とし穴に？　な……なんか、盲信じゃなく信じるのって、実はすごく難しいことなんじゃないですか？

お不動さま　いやいや、そんなことはないんやで。

弊魔はなぁ、修行者に真実を見せると言って、声も聞こえるリアルな嘘の幻影を見せるんや。

とっても奥深い真実は、決して目には見えないもんなんやけどね、修行者は見たものをうっかり盲信してしまい、だまされるんやで。

修行者が常に自分の奥に繋がる大いなる存在に問い合わせていたら、だまされることはなかったんやで。

何度も何度も言うけどな、自分の心の奥に繋がっている大いなる存在（仏さま）を信じるんや！　そこが一番大事なんや！　そこがしっかりしていたら、盲信に陥ることもないんやで。

悟東　……で、その心の奥に繋がっている大いなる存在との繋がりを実感するには、スーパーでキャベツとモヤシのどちらを買うかで練習するんですね。

お不動さま　ほぉ、ようやくそこに気づいたな？　身近なこっちゃろ？　日常生活のすべてで、信じるって力を磨くことができるんや。すべてが修行になるんやで。どんどんとその深さに気がついていくはずやで。

他人が信じられなくて苦しい時には

悟東　ところで、他人が信じられなくて苦しい時は、どうしたらいいんでしょうね？

お不動さま　おいおい悟東、それは質問が違うでぇ。

お前は他人が信じられないんやないやろ？

よぉく自分の心を見てみぃ！　お前が信じられないのは、自分自身やで。

自分を信じられへんやったら、なぜ他人が信じられなくなるかって？

それは、自分の中に信じる力がなくなってまうからなんや。

自分を信じられないっていうことは、とりもなおさず、自分の心の奥で繋がっているいなる存在も信じられていないっていうことになるんや。

悟東　自分を信じられない……ってことに、そんな深遠な意味があったんですね。

お不動さま　せや。

大いなる存在との繋がりが感じられなくなると、周りを俯瞰できなくなってまう。そんな時に他人を信じるって言っても、判断できずに盲信することになってまうことが多いんやで。

他人が信じられないって、そういうことなんやで。つまりな、小さな自分から見て、自分が得か損かって価値観が働いてまったり、人にそれっぽく言われたことに洗脳されてまったりな。

そんな状態では、人間のキミらには、ちゃんとした判断はできないんやで。

悟東　う～ん、なるほど。

お不動さま　ホンマはな、キミらの心の奥で繋がっている大いなる存在は、損か得かではなく、キミらにとって本当の幸せに向かうためにいいのか障害になるのかで見てるんや。
キミらの小さな価値観では判断はできないんや。
悟東的にはお手上げやろ？　だからこそ、自分の心の奥から繋がる大いなる存在の判断を信じるんや。そのためにいつも練習しているやろ？

悟東　小さな練習の積み重ね、それが日常の修行ですね。

お不動さま　おっ！　珍しくいいこと言うやないか。
心の奥の大いなる存在からの判断が、直感として「信じてはいけない」と答えを出してきたら、その人を信じないでええんや。だれも彼も信じなアカンてことは、ないんやで。

悟東　やっぱりスーパーで色々買ってみないとですね！

お不動さま　やっぱ悟東や……なぁ。まぁまぁ、アホな子ぉほど可愛い言うからね。
心の奥で繋がる大いなる存在の答えが出たら、自ずとその方向に物事は動いていくもんやから、安心せぇ。

親子や夫婦の関係は特別やで

悟東　お不動さま、他人じゃなくて、親子や夫婦の間のことも同じように考えたらいいの？

お不動さま　それはな、ちいとばかり違うんや。

親子とか夫婦とかな、すごく身近な家族というのはな、ある意味、試練として、それぞれの人生で大きな課題を持って集まってくることが多いんやわ。

悟東　修行の次は試練、ですか？

お不動さま　せや。

それぞれが人生で何を体験しなければならないかは、やはり心の奥の大いなる存在であればわかっているんやけど、人間にはわからないし、困難に感じる人間関係を乗り越えなければ次に進めないってこともあるんや。

悟東　最近は離婚する夫婦も多いし、親子なのにシンドい事件を起こすってこともありますよね。

お不動さま　せやなぁ。

家族は、それぞれの人生での大きな役割をお互いに持っているからこそ、特別に気になる存在になるんは当たり前なんや。

助け合わなならん経験や、お互いに価値観の違いを認識して離散する経験や、いろいろあってな。その人がどんな役割かは人間にはわからんのや。

例えばや、前世では、憎しみ合ったりとか、そういう関係にあったりした者を調整するために、現世では夫婦になったり家族になったりするってこともあると思ったほうがええで。

悟東　前世なんて、人間には判断ができないじゃないですか。

お不動さま　ただな、それぞれの価値観の違いや感じ方の違いを理解するようにすると、自ずと自分の価値観の押し付けをしなくなって、偏見や過剰な期待で家族を縛るということはなくなるはずなんやが……。

でもまぁ、これはあくまで理想や。普通はそんなふうには考えられへんもんや。

せやから、役割がわからないのだから、何が起こっても不思議のない関係が親子関係や夫婦関係、家族の関係なんやで。

悟東　そう考えると、自分の両親との関係を考えちゃいますねぇ。

私の両親は……母親は世間知らずで、家事がまったくできない人でした。家は散らかっていて、子ども時代の私は洗濯されない服を着て、ご飯もあまり食べられず、料理は超不味かったなぁ。

父親は結構なDV体質で、理由もわからず私を殴り飛ばすような人でした。でも、そんな2人がいたからこそ、私はこの世に生まれ出てくることができたんですよね。

世間のラベル貼りでは、悪い関係の夫婦でしょうけれど、私にとってはこの世に出てくるチャンスだったわけですよね（ちなみに、私が高校に入る前に、両親は離婚しました）。

母はいわゆるネグレクトをしていましたが、それを見かねた近所の方が、赤ちゃんの頃から私の面倒をみてくれてたんです（よい時代だったんだと思います）。

私はそれで、人のありがたみや、優しさ、いろいろな価値観を学ぶことができたんです。

父からはDVで、いつも問答無用で拳《こぶし》が飛んできていましたが、そんな中で育ったために、小学校でイジメにあっても耐えることができましたし、中学の頃の剣道部では無敵でしたね。何よりも高野山《こうやさん》での加行《けぎょう》（という修行）の厳しさにも、そのおかげで粘り強く耐えられ、無事に終えられたのではないかと思っています。

今考えると、私にとっては、なくてはならないありがたい家族であり、体験であったなぁと思います。

お不動さま　悟東の家族はホンマ個性が強かったよって、学ぶことも体験することも多かったやろなぁ。

悟東　ホントそうですね。

お不動さま　本当にいろいろなケースがあるよって、何が起こっても不思議ないような、そんな中で、お互いに労わり合ったり、助け合ったり、1日が平和に過ぎて行ったり、安らぎを感じられたり、幸せを感じられたりしたら、それはもぉ本当にありがたいこっちゃで。家族でお互いに感謝せなあかんことなんや。
1日1日が感謝やで。

よい縁や出会いはこうして結ばれる

悟東　うう……。縁って何か怖いような……。不安のないよい縁って、どうやって結べばいいんですか？

お不動さま　ほれほれ、前に言った「不安」が出てきよったな。何度も言うけど、良し悪しって自分でわかるって思うとる？

悟東　そっか。よい縁って、何を基準にするかで違うんですよね。あくまで、自分都合で考えちゃいますからねぇ。

お不動さま　せやせや！　やっとわかってきたか。失敗を学ぶ縁は悪い縁に感じてまうけどな、幸せになるための必須な縁でもあったりするんや。

悟東　そういえば……。以前、私は、ご縁のあった人に強烈に批判されたり、身に覚えのない変な噂を立てられたりしたんですよ。そして、その人が言ったことを信じた人は私から離れていきました。

逆に、その批判や流された噂をスルーして私を助けてくださる方もおられました。結果的に私にとっては、その後とてもよい縁だけが残ったということがありましたね。

お不動さま　せやで、それがええ例やな。嫌だなって思う縁が、幸せになるための大事なことを学ぶ縁だったりするんや。

せやから、どんな縁も拒絶するんやなくて、しっかりとその縁を受け止めて、しっかりと学ぶのが大事なんやで。よい縁、悪い縁と、ラベル貼りをしないことが大事なんやで。

悟東　確かに、悪い縁かなって思っていた両親から学んだものは貴重でしたから。

お不動さま　せやろ？　ちゃんと自分の縁を受け止めて、後から振り返ると、本当は悪い縁などというものはないんやで。親ガチャなんて言葉があるようやけどなぁ、あれはちょっとちゃう（違う）と思うで。人生が終わる時に振り返ってみると、親ガチャではなかったと納得がいくこともあるはずや。
意外とな、悪い縁を避けてよい縁を結ぼうとするよりも、どんな縁もしっかりと受け止める覚悟でいると、よい縁に巡り合うもんなんやで。覚えておくとええで。

簡単にどこででもできる祈り方

悟東　自分の心の奥で繋がっている、大いなる存在である仏さまを信じるということは、いろいろと話題に上りましたけれど、仏さまに祈る時に一番基本的で簡単な祈り方ってあるんですか？

お不動さま　祈り方の一番の基本はな、第1章でも言ったけどな、呼吸やで。呼吸自体が一番基本的で、この世で生きるという祈りそのものなんやからね。
ワシが今教えるのは、祈りの基本やで。専門家の祈りではあらへんから、悟東かてできるやろ。悟東ができるなら、誰でもどこででもできるで。

悟東　そりゃありがたいですね！　ぜひ教えてください！

お不動さま　できたら静かな落ち着ける場所で、リラックスして深呼吸をするんや。例えば、深呼吸ができなくて息が苦しいような時でも、呼吸に意識を集中することはできるやろ？

そないしてまずは数回な、息を吸うたび、吐くたびに、今自分がここに在ることへの感謝をするんやで。生きているという祈りは今叶っているのやから。

さらにな、静かな呼吸の流れの中でな……。

息を吐くときには、必要のない思いや記憶、それに自分では気がつかない身体の不調の原因もな、心の底からすっきりと吐き出すと思ってみいや。それを仏さまが受け取ってきれいにしてくれるさかいにな。

そうして要らない思いがなくなった時に、本来のまっさらな自分の姿に安らぐんや。

息を吸うときには、ミクロサイズの無数の仏さまがキラキラ輝きながら身体に入ってくると感じるんや。大いなる存在である仏さまは、自分に幸せをいっぱい運んでくるんや……。大いなる命の根源の存在である仏さまの光を感じてみるんやで。

細胞の1つひとつに光が届くと感じるんや。仏さまの光にすっかり包まれている自分の姿を感じるんやで。
その呼吸を続けて、その状態をしばらく感じてから、もし仏さま神さまに質問やお願いがあれば、してみるとええで。
悟東 それなら、私にもできそうです。
お不動さま この呼吸の祈りは阿字観《あじかん》（密教の瞑想）とは違うんやけど、わりとイメージしやすいんやないかな。
このような祈りを自分ができる範囲で無理しないでやってみるんやで。慣れてくれば、布団の中でも、電車での移動中でも、どこででもできるで。
悟東 いやぁ、祈ってる途中でつい眠っちゃうんですよね。
お不動さま ……悟東……なんてこっちゃ（泣）。
悟東 えへへ。
お不動さま 後はな、緊急事態というか、どうしても辛くて助けが欲しい時には、手を合わせて宙に向かって、

「〇〇を助けてください！　△△してください！」

って、恥もプライドも投げ捨ててまったく飾らない心で祈るんや。ご神仏さまを疑うことなく祈るんやで。

悟東　緊急事態で祈れるのは心強いですよね。

実は、私はこの祈り方はよく使っていて、経済的な緊急事態をよく助けてもらいました。祈った後に、意外なところから意外な臨時収入があったりしましたよ。

お不動さま　悟東はもぉ、緊急事態でワシを酷使《こくし》しよるんやから……。

ええか。祈った後は、そのご神仏さまを信じて待つことや。あせらず、心を落ち着けて、結果を信じて受け入れることやで。

祈りを日常生活に取り入れる方法

悟東　どこででも、いつでもという祈り方なら、日常生活に取り入れることができますね。

お不動さま　まずはな、朝起きた時や寝る前など、自分のリズムに合わせて取り入れるのもええで。しかし、悟東は朝に祈っとるうちに二度寝せんようにな。

悟東　は、はい……難しいですが気をつけますぅ。

お不動さま　せや。それからな、天気のいい日に道を歩いていて、爽やかな風が吹いてきた時にはな、思わず風になったような気持ちの中で「おん　ばやべい　そわか」（風天《ふうてん》さまのご真言）と感謝と共にお唱えしてみるんや。

家事で洗い物などをしながら、水がいろいろなものを浄化する力に感謝して「おん　ばろだや　そわか」（水天《すいてん》さまのご真言）とお唱えしたり…。

フライパンで炒め物をするためにコンロに点火した時に、火の力をお借りしますねって感謝を込めて、「おん　あぎゃのうえい　そわか」（火天《かてん》さまのご真言）とお唱えしたり……。

その他にも、気がついたら感謝して祈ってみたらええねん。日常は実は祈ることであふれているんやで。そんなふうに日常で祈ることが習慣になってくるとな、風や水や火が、活き活きと感じられるようになってくるねんで。せや、すべてはご神仏さまの意識であふれているということを感じてくるんや。

悟東　すーごく、素敵ですね。

お不動さま　身の回りのあらゆるものを、自分が「使っている」んやなくて、「使わせてもろて」助けてもろとるなぁって、思えるようになってくるんや。

キラキラとそれぞれが、それぞれの特性を持って輝いてるねんで。そんな日常って素敵やと思わへん？

尼僧・漫画家の日常（剃髪《ていはつ》）

尼僧・漫画家 の日常（休講）

漫画の専門学校の非常勤講師をしていた
まったくもぉ
カッカッカッ
セカセカ
他の先生と少し違うのは
ガラッ
悟東先生は修行で山にこもっちゃったので、今日の授業は休講です！
ま… またかぁ……
休講の理由だった……

第3章

失敗と感じることがあってもいい。絶望はチャンス！

失敗なんてホンマはないんやで！

悟東　お不動さま、よく「失敗は成功のもと」って言いますけど、私、失敗すると、もうシンドくて……。なんで失敗が「おかげさま」なんですか？

お不動さま　ホンマに、悟東はまだまだわかっとらんのお。「おかげさま」言うんはなぁ、一見失敗と思えることにも、実はご神仏の導きがあって、キミらをホンマに幸せになる方向に持って行ってくれとるっちゅうことなんやで。

悟東　ええ？　失敗したのに、幸せになる方向に？　どういうことですか？

お不動さま　悟東、ええか、よう聞いておけや。

失敗っちゅうんはなぁ、キミらの人生の方向修正みたいなもんやねん。カーナビでキミらが違う道に行こうとした時に「ルートから外れました」って教えてくれるやろ？　あれと同じなんや。

悟東　じゃあ、「おかげさま」って、そういう意味ですか？

お不動さま　せやねん。「おかげさま」言うんはなぁ、全部に感謝するっちゅう意味もあるけど、今回の場合はな、キミらのちっちゃな頭で考えた方向と、ご神仏が見ておる幸せに向かう方向が違うことが多いねん。せやから、軌道修正かけてくれとるんやで。

悟東　軌道修正ねぇ……う～ん。具体的に言うと、どんな感じですかねぇ？

お不動さま　例えば、前に悟東が道で転んで、その時たまたま車が突っ込んできたけど、転んでたおかげで助かっとったよな。

悟東　ああ、ありましたね。私よく転ぶんで。

お不動さま　あれはまさに「おかげさま」の実例や。転んだっちゅうのは、小さな失敗やけど、そのおかげで命拾いしたっちゅうわけや。

悟東　でも、転んだ時って、「おかげさま」とは思えないですよね。痛いですし。

お不動さま　そりゃ、その時はそう思えないやろ。失敗して痛かったんやから。

でもな、後から振り返ってみたら、「あの時転んでてよかった」って思うことがあるやろ？

悟東　うーん、確かにそうですね。転んで痛いからって、夕ご飯をデリバリーで注文して、美味しいし楽々だしで超嬉しかったこともありますね。

お不動さま　悟東、アンタそんなに家事がシンドいんやな。とほほ……。

悟東　お不動さま、失敗と言っても転ぶだけじゃなくて、マジでやらかしちゃった！っていうようなこともあるじゃないですか。あれも「おかげさま」なんですかねぇ？

お不動さま　自分が「おかげさま」と思われへんのはな、まだその出来事の本当の意味がわからへんからなんや。人間やから仕方ないんやけど、目先のことに囚《とら》われとるから、ご神仏の大きな導きが見えへんねん。

悟東　どうしたら、「おかげさま」と思えるようになるんでしょう？

お不動さま　そもそもな、「おかげさま」の意味を知っとるか？

悟東　……え、見えない仏さまの「おかげさま」だってことですか？

お不動さま　第1章でも話したように、人間は身体を生かすのにも体のシステムに丸投げやったし、酸素かて植物が光合成で作ってくれたもんや。食べ物は他の誰かが野菜を作ったり漁をしたり……。そして誰かが運んで、誰かが売ってくれたものや。

悟東　確かに……、いっぱいの人のご苦労がありますね。

お不動さま　どんなに立派な人でも、人間は決して1人では生きられないんや。つまりな、どんな状況でも、人は周りのすべてに生かされて生きているんやで。そしてな、そのすべての中に共通しておられるのが仏さまなんや。

悟東　「おかげさま」の中で私たちは生きているってことですかね？

お不動さま　せやで、悟東！　脳みそ働いとるやん。

ほんにな。すべてが「おかげさま」と言ってええくらいやで。

自分だけで、何でもできると思っとると、ええことがあったら「自分の努力の成果」となってまって、これが「おかげさま」の反対語やね。

確かに自分の努力も必要やけど、その努力ができるのは、やはり「おかげさま」あってのことなんや。

どんなことでも、物事は、常に守られとる状態で起こることやから、自分を幸せに導くために起こったことだと思えばええんや。

常に感謝の気持ちを持つことやな。すべての出来事が幸せに繋がるありがたいことなんやって思えたら、失敗も「おかげさま」に変わっていくんやで。

悟東　でも、「祈った後に失敗」したら、「守ってもらえなかった」って思うのは、違うんですか？

お不動さま　そんなん、違うに決まっとるやろ！💢

祈りはなぁ、アンタらの都合でまるっと言葉のまんま叶えとったら、結果的に不幸になったりすることも多いんやで。

ご神仏は、アンタらが本当に幸せになるように導いてくれとるんやから、祈った結果が失敗やと思っても、それは本当の幸せに導く途中のなくてはならない「おかげさま」なんや。

悟東　う〜ん、そもそも失敗って、なんでしょうね？

お不動さま　失敗っちゅうんはなぁ、アンタらが勝手に「失敗」っちゅうラベルを貼ってるだけや。ご神仏から見たら、全部必要な出来事なんや。

せやからな、そこが感覚としてわかるようになったら、「ようこそ失敗！」「ありがとう失敗！」って思わず言っちゃうようになるくらいありがたいんやで。

悟東　でもねぇ。常に成功し続けるってことは不可能なんですか？

お不動さま　ご神仏的には失敗はないんやけどね。

アンタらの感覚で、常に成功し続けるって、そんなんは無理やろなぁ。

成功も失敗も、表裏一体なんや。アンタらの言う失敗があるからこそ、成功のありがたみがわかるんやで。甘くて美味しい「ぜんざい」かて、正反対の塩昆布を途中でちょっと食べたほうが甘く感じるやろ？

悟東　成功と失敗の関係って、難しいですね。

お不動さま　難しく考えんでええねん。全部「おかげさま」やと思っとったら、ええんや。

失敗は宝の山って覚えときや

悟東　お不動さま、「失敗は宝の山」って言う人がいますけど、失敗の中にそんなにいっぱい宝があるんですか？

お不動さま　悟東ぉ……よぉお聞きや。宝の山言うんはなぁ、一見価値のないと思われる失敗の中にも、実は次に繋がるヒントや成功のタネが多く隠されとるっちゅうことなんや。

悟東　ヒント？　成功のタネ？　失敗の中にですか？

お不動さま　せやねん。失敗っちゅうんはなぁ、アンタがホンマに進むべき道を見つけるための、いわば道標やってさっきワシが言ったろ？

失敗という軌道修正の中でこそ、見えてくるもんがあるんやで。

悟東　具体的に言うと？　……どういうことですか？

お不動さま　ほんなら、悟東、自分のこと思い出してみぃ。大学受験に失敗して、でも学びたい学問があきらめられずに結構、長いこと浪人しとったよなぁ？

悟東　ああ〜、言わないでぇ！

あの頃は本当につらかったです。天文学をどうしても学びたかったんですが、試験のたびに下痢をしていました。いつもお腹の痛さと闘いながら受験していました。

お不動さま　下痢かぁ……受験どころではないやん。あの頃の悟東は神経が細かったよってなぁ。

でもな、下痢して受験がアカンかったからこそ、今の悟東があるんやないのんか？　受験に成功して、天文学を学べる大学に行っとったら、仏教に出会うことも、密教の勉強して僧侶になることもなかったやろ？

今、悟東はどっちが幸せだったと思う？

悟東　確かにそうですね。あの失敗がなかったら、今の私はありません。私的には今がとっても幸せです。

お不動さま　せやろ？

あの失敗は、悟東にとって宝の山やったんや。天文学の道は閉ざされたけど、代わりに受験で泊まったホテルの机の中に仏教聖典を見つけて読んでから、仏教にめっちゃ興味を抱いて、仏教への道が開かれたんやから。

悟東は失敗した落胆よりも、仏教の道を見つけた喜びに嬉々として、仏教を学んでいたよなぁ。

悟東　よくご存じですね！　確かに。あの時は失敗の痛手より、仏教に興味が湧いて、おもしろくて仕方なかったんですよね。図書館に通い詰めても物足りずに、ついに高野山《こうやさん》まで参って勉強を始めましたから。

まさに、あの失敗があったからこそ、今の自分があるんですね。

お不動さま　そうや、ようそこに気づいたな。

失敗は、新しい道や可能性を発見するチャンスなんや。だから、失敗を恐れずに、どんどん挑戦するんやで！　失敗の中にある宝物を探し出すんや！

祈っているのに願いが叶わへんのはなんでや？

悟東　お不動さま、私、長いこと一生懸命祈ってるのに、叶わない願いがあるんです。やっぱり方向性が違うんですかね？

お不動さま　悟東ぉ……よぉお聞き。

願いが叶わへんのはなぁ、アンタが幸せになるための、ホンマに願うべきことを願《ねご》うとらんからや。

悟東　えっ？　私が願ってることが、間違ってるんですかね？

お不動さま　せやねん。大事やから何度も言うけどな。お前がちっちゃな頭で考えた、幸せになるための「ええこと」と、ご神仏が見ておる、幸せになるための「ええこと」は違うねん。

悟東　そんなに違いますかねぇ？

お不動さま　こんなことがあったやろ。悟東が人から良縁成就の祈願を頼まれて、祈ったのに結果的にはその人は彼氏と別れたやろ？

悟東　はい……。良縁成就の祈りをしていたのに、別れてしまって。あれはショックでした。

お不動さま　あれはなぁ、願いが叶っとるんやで。

悟東が良縁成就いう祈願をしたから、ご神仏は良縁ではない縁をまず切ったんや。その彼氏と一緒になってたら、祈願を頼んだ人は不幸になってたかもしれん。せやから、ご神仏が別れさせてくれたんや。

つまり願いが叶う途中経過やで。良縁はその後に来るんや。

悟東　えっ？　あの別れは、その人のためだったんですか？

お不動さま　わかるか？

良縁成就の祈りは、本当に幸せになるための良縁を結ぶんや。悪縁を切らずに、それを成就させたら、その人は良縁に巡り会えずに不幸な目に遭《お》うてたかもしれん。

あの別れは、不幸になるのを防ぐための「おかげさま」やったんや。

悟東　おお〜！　そうだったのか！　では、その次には良縁が来るんですね。

お不動さま　でもな、別れがあった時に、「願いが叶わんやった！」って大騒ぎして祈ったご神仏を、こともあろうか罵《ののし》ったりしたら、せっかくその後に来るはずやった良縁が遠のいてしまうんやで。気ぃつけぇや。

悟東　なるほど。そうなんですね……。

でも、他の願いも叶わないことがありますよ。

お不動さま　他にも例を挙げたんねん。例えばな、宝くじが当たりますようにって祈っても、まぁ、普通は当たらへんやろ？

あれはな、宝くじが当たったら、アンタが不幸になるかもしれんから、ご神仏が止めとるんや。本当にそのお金で幸せになるなら当たるんやけどね。

知っとる？　宝くじに当たった人の人生がシンドいことになってまうことって多いんやで。「お金！　お金！」と言っとると、人生を豊かにするためのお金やのうて、お金を集めるための人生になってまうで。お金を使うんやなくて、お金に使われてまうんや。気ぃつけいや。

悟東　確かに。お金のための人生って……。なんか虚しいですよね。

お不動さま　せやねん。

アンタらがホンマに願うべきことは、宝くじが当たることやないで。幸せになることや。ご神仏は、アンタらが幸せになるように、いつも導いてくれておるんやで。

人間の幸せってなんなんやろ？

悟東　お不動さま、最近、幸せってなんだろうって考えてしまうんです。お金持ちになれば幸せになれるってわけでもなさそうですけど、ネットとかでは「お金がすごく儲かる！」とか、「楽して稼げる」とかの広告がやたらと目につきますよね。

お不動さま　悟東ぉ……よぉお聞きやぁ。

お金は幸せの道具の1つでしかないんやで。道具は使いようや。

悟東　う〜ん。一応お金があれば、なんでも買えるし、なんでもできますけどね。

お不動さま　なんでもできると思うとるのが、間違いやねん。

悟東、他と連絡の取れない無人島に、たった1人で、お金をたっぷり持っていったと考えてみぃ。どや？

悟東　ええと……寂しいですね。ってか、どうやって生活するんでしょぅ？

お不動さま　せやろ？　お金はただの紙や金属の塊に変わってまうんやで。島に住む猿や狸《たぬき》にお金を渡しても、何もサービスは提供してくれへんで。お金よりも、湧き水や食べれる木の実や川や海の魚のほうがずっと価値あるものになるやろ？

悟東　確かに、生活がまずできないですね……。

それに、しゃべる相手がいないと寂しいし、心細いですよね。

お不動さま　ええかぁ、悟東。「かね」というひらがなの、「か」と「ね」の両方の下に「ん」を入れて言ってみぃ？

悟東　「か」「ん」「ね」「ん」……。

お不動さま　せや。「かんねん」……「観念」なんや。

つまりな、お金は観念なんや。

大昔はな、人と人でコミュニケーションして、必要なものを物々交換しとったんや。

でもな、たとえば野菜が欲しい人がいて、野菜を持っている人に肉と交換して欲しいとお願いするとするやん。しかし、その相手が肉は欲しくなくて、ミルクが欲しいとかだったら上手く交換が成り立たないやろ？

でな、交換するいろいろな物と同等の価値があるものとして、お金が考え出されたんや。必要なものをお金に交換できれば、野菜と交換してお金を得た人は自分に必要なミルクを別の人と、そのお金で交換できると言うわけや。

悟東　お金は、最初は必要なものを交換する時に、便利になるように、人が交わした約束のアイテムだったんですね。

お不動さま　その通りやで悟東！

人と人の関わりの中で、それぞれが幸せになるための道具なんや。

だから、人がいないところではまったくなんの役にも立たないんや。

交換のための感謝のアイテムと言ってもええね。

悟東　そう考えると、お金に関する意識が変わりますね。

お不動さま　せやろ？

お金は人と人の関わりの中で、幸せになるためのアイテムとして、感謝を込めて使うものなんや。

ただ集めただけでは幸せにはなれへんし、使い方によってはかえって人を傷つける不幸のアイテムにもなりかねないんや。

悟東　なるほど……。幸せってお金じゃないんですね。

お不動さま　せやねん。幸せになるためにとても役に立つアイテムやけどね、それ自体が幸せではないんやで。

人の幸せっちゅうんはなぁ、人との繋がりの中でこそ最も感じられるもんやねん。最近ではネットゲームやSNSも人との関わりやけどね。

悟東　人との繋がりが幸せを生む？

お不動さま　せや。誰かと一緒に笑ったり、泣いたり、怒ったり、感動を共有したり……。そういう心の交流が、本当の幸せを生み出すんやで。

悟東　まったく連絡の取れない無人島に、大金持ってっても幸せじゃないっていうのは、そういうことなんですね。

お不動さま　せやねん。人間は1人では生きていかれへん。人や周りのものとの関わりの中で、喜びや悲しみ、色んな感情をわかち合うことで、生きてる実感が湧いてくるんや。

それが幸せっちゅうもんや。

悟東　人間の幸せは、人との関わりの中で生まれる……。

お不動さま　そうやで。やっとわかってきたようやね。でもなホンマはね、1人でも身体中の細胞の1つひとつが、自分を生かそうと、けなげに最大限の能力をいつも発揮してくれているって実感するだけでも、思わず泣くほど幸せを感じるもんなんやで。

純粋な絶望ほど祈りは届きやすいんやで

悟東　お不動さま、「絶望はチャンス」って本当ですか？　絶望って、どん底じゃないですか。

お不動さま　悟東や、よぉお聞きぃ……。「絶望」っちゅうんはなぁ、やっぱアンタらが勝手に「絶望」っちゅうのを悪いこととしてラベル貼ってるだけやねん。

悟東　ええ？　悪いというラベル貼り？

お不動さま　せやねん。ホンマの絶望っちゅうんはなぁ、「自分でこうあるべき」とか、「絶対こうしなきゃ！」って思い全部を手放した状態のことなんや。プライドも、執着も、こだわりも、もう意味を成さないような状態で、自分が「個」として抱いた望みを全部捨て去った時、そのとき本当の絶望が訪れるんや。

悟東　絶望の定義ムズカシ！　やっぱり悪いことじゃないですか！

自分の望み全部を手放す？　全部あきらめるんですか？　お先真っ暗って意味じゃないんですか？

お不動さま　例えばな、悟東の友人の話で、その友人が営んでいた事業が傾いて、金策に走り回って、もうアカンってなった時、電車の中で滝のような涙を流したっちゅう話を聞いたのを、覚えてるか？

悟東　はい、あの友人の話は印象的だったんで覚えてますよ。

何しろ、本人がおっしゃるには、万策尽きて悲しくて泣いていたわけじゃなくて……。

突然電車の中で、身体の底から温泉が湧き出すように温かい優しさがとめどなく湧き出してきて、ありがたくてありがたくていかんともしがたい感覚に包まれて、滝のように涙が流れるのを抑えられなかったっておっしゃってましたから……。

お不動さま　それはな、まさに全部を手放した瞬間やったんや。

もう何もかもあきらめて手放した時、本来のご神仏とのパイプが突然太く繋がったっちゅうわけや。

悟東　えぇえ？　つまり、絶望したらご神仏さまと繋がったんですか？

お不動さま　そこなんや！　絶望っちゅうんはなぁ、ちっちゃい「個」としての自分が握りしめていた執着やいろいろな思いを手放して、さらには余分な自分勝手な期待も手放すから、ご神仏とダイレクトに繋がるチャンスなんや。

全部を手放した時にな、そらもぉご神仏のメッセージが届きやすくなるんや。

悟東　ご神仏とダイレクトに繋がるって、個人的な幸せよりも超幸せを感じるんですか？　……絶望と幸福って、繋がってるんですか？

お不動さま　せやねん。

個人的な小さな望みを大きく捉えていた絶望の先に、本当の幸福が待ってるんや。アンタの友人も、あの絶望体験の後、今は前以上に自由に幸せに元気に生活しとるやんか。

悟東　絶望した後にご神仏さまと繋がると、人はどうなるんですか？

お不動さま　人それぞれやなぁ。

悟東の友人みたいに、ありがたさで涙が止まらなくなる人もおれば、今までなんて小さなことに翻弄されていたのかって滑稽さに笑いが止まらなくなる人もおるで。ただな、本当の絶望やなくて、絶望したって勘違いもあってな、それだとご神仏には繋がらないんやで。

悟東　絶望の勘違い？　なんですかそれ？

お不動さま　勘違いっちゅうんはなぁ、「絶望」っちゅう言葉を都合よく使っとる状態や。

例えばな、「私なんてダメだ」とか「もう終わりだ」って思うのは本当の絶望やない。それは自分を被害者にしたいだけや。

自分のプライドや世間体にこだわって、それを手放せずに自分を追い込んでしまっても、それでもなお手放せないでいる状態とかな……。

それらは本当の絶望やないで。こだわりや執着に押しつぶされている状態や。

純粋な絶望は自分の思惑はもとより、プライドも世間体も何もかも、自分の心から手放している状態や。
せやから、今まで邪魔をしていたものが手放されて、まるで温泉が勢いよく噴き出すように、ご神仏とダイレクトに強く繋がるんや。

お金に窮した際に祈った私に起こった奇跡

悟東　お不動さま、でもね、やっぱりまた、お金に困ってどうしようもない時、どうしたらいいんでしょう？

お不動さま　悟東や、聞くまでもないやろ。お前はいっつでも、お金に困ったら、ワシか荒神さまにお願いしとるやんけ。

悟東　そうでした！　そして不思議と何とかなってきました。ありがとうございます！

お不動さま　助けてもらっといて。忘れるなや！

悟東　そういえば、いつもいつも、もうどうしょうもないかもって時に、しっかり助けてもらっていますね。

お不動さま　せやろ。以前、悟東が若い頃に、明日の、いやその日の食事も用意できないことがあったやろ？　あの時のことは覚えとるか？

悟東　はい。しっかり覚えていますよ！　あの時はアパートの家賃や水道光熱費も払えなくなって、生活を支えていたアルバイトに行く交通費もなくなっちゃったんでした。あの時は部屋で手作りの神棚にお祀《まつ》りしていた荒神さまに、そりゃもう恥も外聞もなく、

「助けて！　アルバイトに行く交通費やお米や家賃や光熱費をください！」

って祈っていたんですよ。もぉ心の底からの叫びに近かったかもしれませんね。

お不動さま　せやせや。悟東はピンチになるとその時に、いつもキャーキャーとワシらに訴えてくるんや。まるで押し忘れた手動式信号のボタンを思い出して何度も押してるオバチャン丸

出しな感じやで。……で、どうやった？

悟東　その日の夕方に、大学院生だった旦那《だんな》に電話があったんですよ。もう1年以上も付き合いのなかった、昔アルバイトしていた遠方の会社の方からでした。

どうしても旦那にやって欲しいプログラム開発の仕事があるからってことで、旦那が快諾したんですよ。そしたらその方が、

「実はどうしても引き受けてほしくて、前金を持って車を3時間走らせて、今アパートの前に来てるんです！　アパートの外に出て来てください！」

ですって。そりゃもう驚きましたよ！

その前金でお米を買って、家賃光熱費を払って、私のアルバイトに行く交通費もまかなえたんです！

お不動さま　せやったろ？

ご神仏はな、いろいろと人や状況を使って助けてくれるんやで。

悟東　だから、想像を超えた救いの手が差し伸べられるんですね。

お不動さま　悟東もご神仏に遣われとるで。本人は気がつかへんかもやけどね。

アンタのお母はん、お金に困って祈ったら、悟東がすぐにお金渡したっちゅう話、覚えてへん？

悟東　ああ、そういえば……。私のアルバイト代が入った時、フラッと母がウチに来たんですよ。その時なぜか母にお金を渡したんです。私ってそんなに親孝行でもないし、自分たちの生活もままならなかったんですけどね。でも、お金を渡さなきゃいけないって思いでいっぱいになっていました。

するとお金を受け取った母が、

「さっき仏壇の仏さまに、バレエのレッスンで使うウエアを買うお金が欲しいってお願いしたばかりだったのよ」

って言うんですよ。

母は60歳を過ぎてから健康のために、なぜかあの踊るバレエを始めたんですが、年金とほぼボランティア的な仕事ではなかなかお金が足りない時もあったようでした。

お不動さま　悟東が、まさにご神仏に遣われたんやで。自分でそれを意識はでけへんものやけどね。

ご神仏に遣われるということは、とても大事なことなんやで。決して忘れるなや。

お金の不安どないしたらええねん！

悟東　お不動さま、お金の不安って、どうしたらなくせるんでしょう？

お不動さま　お金の不安を抱えるっちゅうのはなぁ、自分の力だけで何とかしようと思とるからやで。

悟東　えっ？　自分で稼がないと、お金は入ってこないんじゃないですか？

お不動さま　稼ぐのは大事やけどな、自分の力「だけ」で稼がないと、どうにもならん！　って思っとるのがアカンねん。

世の中には経済的に大変な人はいっぱいおるやろ？　がんばって働くのは尊いことなんやけどね。みんな、自分1人のちっちゃな力でがんばろうとして、不安になっとるんや。

悟東　そりゃそうですよ。誰も助けてくれる人がいなかったら、自分でがんばるしかないって思うのは普通じゃないですか。

お不動さま　……お～い悟東、ま～だそんなこと言うとるんか……。お前はどんな状況で、そしてどうしてきたんや？

悟東　ああ！　そうでした！

えっとね、若い頃はホント大変でしたね。

借金できるところに全部借金して、やがて借金もできなくなって……。

両親は離婚していて実家も頼れず、学生結婚で旦那はまだ学生なうえに病弱で、私のアルバイトでは本当に家計が行き詰まってしまってましたね。

……もう、自分には為すべもなくて、……ご神仏さまを頼ったんです。

お不動さま　で、どうやった？

悟東　いつもご神仏さまは助けてくださいました！

ご神仏さまが、いろいろな状況や人を動かしてくださったとしか思えないようなタイミングで、いつも必要なお金が授けられました。本当に不思議です。

もちろん奇跡的な出来事だけじゃなくて、普段は決して借金を申し込もうなんて思わない人に、なぜか借金を申し込んでみたら、すぐにお金を貸していただけたなんてことも。仏さまが動いてくださったことだとしか、今の私には思えません。

お不動さま　そこやねん！　それが大事なんや！

どんな時も、目には見えないけど、ご神仏が動いているってことを忘れないことが大事なんや！

お金に関しても、きっとええように計らってくださっていると信じることなんや。

悟東　う〜ん。たとえ、祈って頼ってもお金が回って来なかった時でも、ご神仏さまがよいように計らってくださったと信じるんですか？

お不動さま　もちろんやで！

もし、お金が融通されずに何かができなかったら、それはせんほうがいいってことなんや。

悟東　でも、お金がめぐらずに生活ができなかったりしたら、生活しない方がいいってことはないですよね。

お不動さま　そのような場合はな、まず、自分の考え方や方向性を今一度見直してみるとええんや。

とにかく、自分だけでなんとかがんばらなアカンとか思うとったりしたら、ご神仏は、自分の力だけじゃなく目に見える周りの存在を頼るということを、本人に教えるために、あえてそのような状況にすることがあるんや。

人はプライドや世間体で、助けを求められないことがあるんやけどね、それは本当の幸せを遠ざけるものだと思うたらええで。勇気を出して助けを求めるんやで！

悟東　助けを求めることで、自分の肩身が狭くなることもあると思うんですが……。

お不動さま　そんなふうに感じるとしたら、自分で自分を見下しているってこっちゃで。

下に見られるとか、なさけないとか、それは誰かから向けられる視線ではなく、自分が自分に対してそう感じてしまっているってことを忘れるなや。

助けてもらう時に決して卑屈になったらアカンよ。

助けに対しては思いっきり感謝したらええんや。

万が一助けてくれる相手が自分を下に見て馬鹿にしているような発言をしていたとしても、それはその人の性格やから気にせんでええんや。それよりも、その背後に動いているご神仏を見るとええんやで。

つまりな、その人はご神仏に遣わされたんや。アンタを救うためにな。

悟東　そう思うと、何かスッキリしますね。

ご神仏さまにも、その人にも感謝しかなくなりますね。

窮地を乗り越えた後には、気持ちよく恩返しができそうですね。

お不動さま　せやねん。せっかく助けてもらうなら、気持ちよく邪念なく助けてもらうのがええんや。

助けてくれた相手にとっても、それが徳を積むこととなって必ず人生でよい方向に役立つことになるんや。

悟東　でも、助けてくれた人が、恩に着せて不本意なことを強要してくるってことがあったりしたら、どうしたらいいんでしょう？

お不動さま　悟東は心配性でホンマ困ったもんやなぁ！

そんな時は、相手のためにもしっかりと拒絶することやで。恩を売って自分勝手に振る舞うのは、自分の徳を地に落とす行為なんや。そんなことするとな、自分になんかあった時にな、人を助けた割には誰も自分を助けてくれなくなってしまうんや。

悟東　自分の徳を地に落とす……。もったいないですよね。

お不動さま　とにかくな、経済的な不安は1人で抱えたらアカン。そして、自分ががんばればどうにかなるとか思わんことや。

「かね」は「かんねん」と言ったやろ？

人間が助け合って幸せになるための道具なんや。頼るべきはお金では決してないってことを忘れたらアカンで。

まず、ご神仏を頼るんやで！　いよいよの時は、その上で周りの人らや公的な制度を頼るんやで。

ご神仏が周りの環境や人を動かしてくれるよってに、大丈夫やで。信じて安心せぇや。

悟東　そうですね。ご神仏さまを信じて安心して暮らすのが一番ですね。

お不動さま　ご神仏にお任せするんは大事なんや。任せたつもりで任せ切っていないから不安になるんや。

アンタらは決して1人やないんやで。目には見えなくとも、いつも見守ってくれとる存在がおるっちゅうことを、忘れたらアカン。

悟東　具体的には、何を覚えておいたらいいんでしょう？

お不動さま　ほな、お金にまつわる3つの心得、教えたるわ。

1つ、判断の中心にお金を置かないこと。

つまりお金にこだわらんことや。お金は、幸せになるための道具の1つでしかないんや。道具に人生を振り回されとったら、アカンで。

2つ、お金で人や自分の人生の可能性を計らんこと。

ご神仏がいつも見守って応援していてくれることを知っていたら、人生の可能性は無限なんやで。

3つ、お金はご神仏が自分を生かすために授けてくれるものと思うこと。自分の世間的な仕事の量に比例してお金をもらうとは思わないことや。どんな状況であっても、アンタがアンタらしく自分を発揮することに価値があるんや。自分がやることを対価で考えんことやで。

悟東　なるほど……。ご神仏が自分を生かしてくれるなら心配ないですね。

お不動さま　せやねん。この3つを覚えとったらええで。

祈りが届いたサインってなんなんやろ？

悟東　お不動さま、祈りが届いたかどうか、どうやったらわかるんですか？

お不動さま　悟東や、よぉお聞き。

ご神仏にはアンタの祈りはお見通しなんやけどね、それでも祈りが届いたよって、ご神仏はサインを送ってくれるんやで。

悟東　そこ、詳しく教えてください。

お不動さま　それはな、その人にしかわからないサインなんや。

悟東が昔読んだ本にも、その例が書いてあったよな。

悟東　えへ、すっかり忘れちゃいました！

お不動さま　学んだことを、しっかり血肉にせなアカンやろ。

悟東　いやぁ、脂肪にはなってますよぉ……。

お不動さま　悟東ぉ、なんてこっちゃ……。

話を戻すわ。その著者は外国の人やったけど、絶望的な気持ちで悩んどってな。そしてふと、前にあるビルの看板を見上げたんや。するとAMERICAN（アメリカン）って書いてあったんやけどね、前の方の文字がトラックの荷台で隠れとったんや。

でな、その人に見えた文字は「ICAN」やってん。つまりな「I CAN」や。英語で「私はできる」やろ？　で、その人は「そうか！　私はできるんだ！」って、迷いから抜けたって話やったと思うで。

悟東　ああ、そういえば……。

お不動さま　その看板の文字も、「自分が何かをできるかどうかを悩んでいる人」でなければ、見ても何の意味もないはずや。つまりな、本人にしかわからないような形でサインはもたらされるんやで。でもな、本人にはビビッとわかるはずやで。

悟東　そうなんですねー。私はうっかり見過ごしちゃうかも……。

お不動さま　大丈夫やで。ご神仏に対して心を開いて感謝しとったら、ふとした瞬間に、心に響くメッセージが飛び込んでくるんや。

悟東　じゃあ、メッセージの受け取り方が大事なんですね。

お不動さま　せやねん。ただなぁ、なんでもかんでも自分の力だけで解決しようとあせっていると、ご神仏さまのメッセージに気づかへんねん。

悟東　気づかないって、どんな時ですか？

お不動さま　自分のちっちゃな価値観に固執してしまって、視野が狭くなってしまっている時……そういう時は、ご神仏さまのメッセージを受け取りにくいんや。

あんたがメッセージに気づかへんだけやで！

悟東　お不動さま、ご神仏からのメッセージを受け取るコツを教えてください。

お不動さま　コツなぁ。まぁ、ご神仏がいつもキミらの問いかけに答えてメッセージをくれておるってことを、とにかく信じることや。

悟東　いつもなんですね……。

お不動さま　せやねん。普段の生活の中にな、色んな形でメッセージは隠されとるんやで。ポスターのワンシーンだったり、ラジオから聞こえてきた一言だったり。あるいは、ほおをなでる風だったり、小鳥のさえずりだったりな。

　でも、肝心なのは、メッセージを受け取る側の心構えやねん。

悟東　心構え？

お不動さま　せや。メッセージを受け取るために一番大切なのは、感謝の気持ちを持つことや。毎日「おかげさま」って言うてたら、メッセージに気づきやすくなるで。

ご注意！　ご神仏のメッセージでないものもあるんや

悟東　とても嫌な気持ちになる言葉をメッセージとして受け取ってしまったらどうしたらいいんでしょう？

お不動さま　それはご神仏のメッセージではないんや。

悟東　では、なんなんですか？

お不動さま　それはな、表面に出せずに自分の心に押し込めてしまっていた、嫌な思いとか、怒りとか、憎しみとか、さらには自分の思いではなく漂流してきた他人の思いなどをたまたま拾ってしまったものなんや。つまりな、心に溜まるクズのようなもんやで。

悟東　それは、どう扱ったらいいんでしょうね？

お不動さま　心のクズがたまたま出てきよったら、決してまた心の奥に押し込めないで、出してしまうのがいいんや。心の断捨離《だんしゃり》やね。
悟東　でも、どうやって出せばいいんですか？
お不動さま　心のクズが出てきたら、決して自分を責めずに、そのクズの処理を仏さまにお願いするんやで。
心のクズを責めたりせずに。心のクズに意識を集中しないことやで。電車の窓の景色が流れるような感じで、仏さまに「この心から出てきたクズの処理をお願いします」と祈るんやで。真言を唱えられたらさらにええなぁ。
悟東や、いくつか仏さまの真言を書いておいてな。
悟東　はい。仏さまのご真言ですね。
薬師如来さまのご真言　「おん　ころころ　せんだりまとうぎ　そわか」
「お薬師さま」と呼ばれて親しまれておられる如来さまです。身体や精神のいろいろな病も左手に持つ薬壺《やっこ》から薬を出して癒してくださいます。配下に十二神将《じゅうにしんしょう》という十二尊の夜叉神《やしゃじん》がおられて、それぞれがさらに8万4000の夜叉を従えていると言われ、悪意のある呪詛《じゅそ》などの障りも取り除いてくださいます。

阿弥陀《あみだ》如来さまのご真言　「おん　あみりた　ていぜい　から　うん」

誰もがご存じの極楽浄土の大変慈悲深い如来さまです。配下に多くの観音さまをはじめとする菩薩さまがおられて、成仏できずに彷徨《さまよ》う霊がいたら手を差し伸べて救ってくださいます。お名前を呼んで南無阿弥陀仏《なむあみだぶつ》ともお唱えします。

十一面観音さまのご真言　「おん　まか　きゃろにきゃ　そわか」

争う心を鎮めて苦しみを抜いてくださる菩薩さまです。聖天《しょうてん》さまの女天さまはこの菩薩さまが変化された存在です。災いを除き大きな慈悲と慈愛で正しい道へ導いてくださる菩薩さまです。

千手《せんじゅ》観音さまのご真言　「おん　ばざらたらま　きりく」

貪《むさぼ》る心や執着する心を清めてくださる菩薩さまです。１０００ある手にはそれぞれ目がついており、どんなことも見逃さずあらゆる手を使って苦しみから救ってくださいます。多くの変化身のある観音菩薩さまの救いのための最終形態とも言われており、蓮華王《れんげおう》菩薩とも呼ばれています。

孔雀明王《くじゃくみょうおう》さまのご真言　「おん　まゆら　ぎらんでい　そわか」

日照り続きの時、恵みの雨を降らせたり、あらゆる毒を浄化してくださる明王さまです。心が毒付いてしまった時や人の悪口で毒を吐いた時などは、この明王さまに浄化していただきましょう。

不動明王さまのご真言　「のうまくさんまんだ　ばざらだん　せんだ　まかろしゃだ　そわたや　うんたらた　かんまん」

（「のうまくさんまんだ　ばざらだん　かん」短呪）

「お不動さま」の呼び名で親しまれている明王さまです。いろいろなよくない思いや、困難を焼き払い、断ち切って退けます。お顔と行動は迫力がありますが、大変慈悲深い明王さまです。

悟東　いくつかご真言を書かせていただきましたが、本当はもっともっと、いっぱいあるので、自分が大好きな仏さまのご真言をお寺で聞いて唱えてもいいし、わからなければ、仏さまの名前をそのまま呼んでもいいと思うんですよね。「○○如来さまお願いします！」っていうふうに素直に心から祈れば大丈夫ですよね、お不動さま。

お不動さま　せや。それで大丈夫やで。「南無阿弥陀仏」とか「南無釈迦牟尼仏《しゃかむにぶつ》」とか「南無不動明王」でもええんや。

自分の心にへばりついていたり、澱《おり》のように心に沈殿したりしてしまった心のクズを仏さまに掃除してもらうんや。

すぐにはキレイにならへんやろうから、何度も何度もするんやで。

少しずつ少しずつやけど、心に溜まっていたクズは消えていくさかいな、心配せんでええで。クズとは言っとるけどな、そのクズも最後にはしっかりと仏さまに優しく抱かれて、光に帰っていくんやで。無駄なものは何もないんや。

悟東　本当のご神仏さまからのメッセージをご神仏さまではないものからのメッセージと見分けるにはどうしたらいいんでしょうね？

どんな特徴があるんですか？

お不動さま　よぉ聞いた！　大事なことやで！

ご神仏のメッセージはなぁ、決して人を傷つけたり、誹謗中傷したりせん。「消えろ」とか「死ね」なんて言葉は決して出てこないんや。

他人に対してのえぐるような批判も決してせんのや。

さらにな、ご神仏のメッセージは本人を必要な時には褒めたり労ったりはするけど、必要以上に褒めちぎるようなこともせん。「お前は選ばれし最高の者だ」とかは決して言わないんやで。

「他の奴らに比べてお前が最高だ」とか、「神仏の域に達した」とか、そんなことを言われて本気にしたら、絶対あかんで。それはアンタの心を堕とすための魔物のメッセージやで。気ぃつけるんやで！

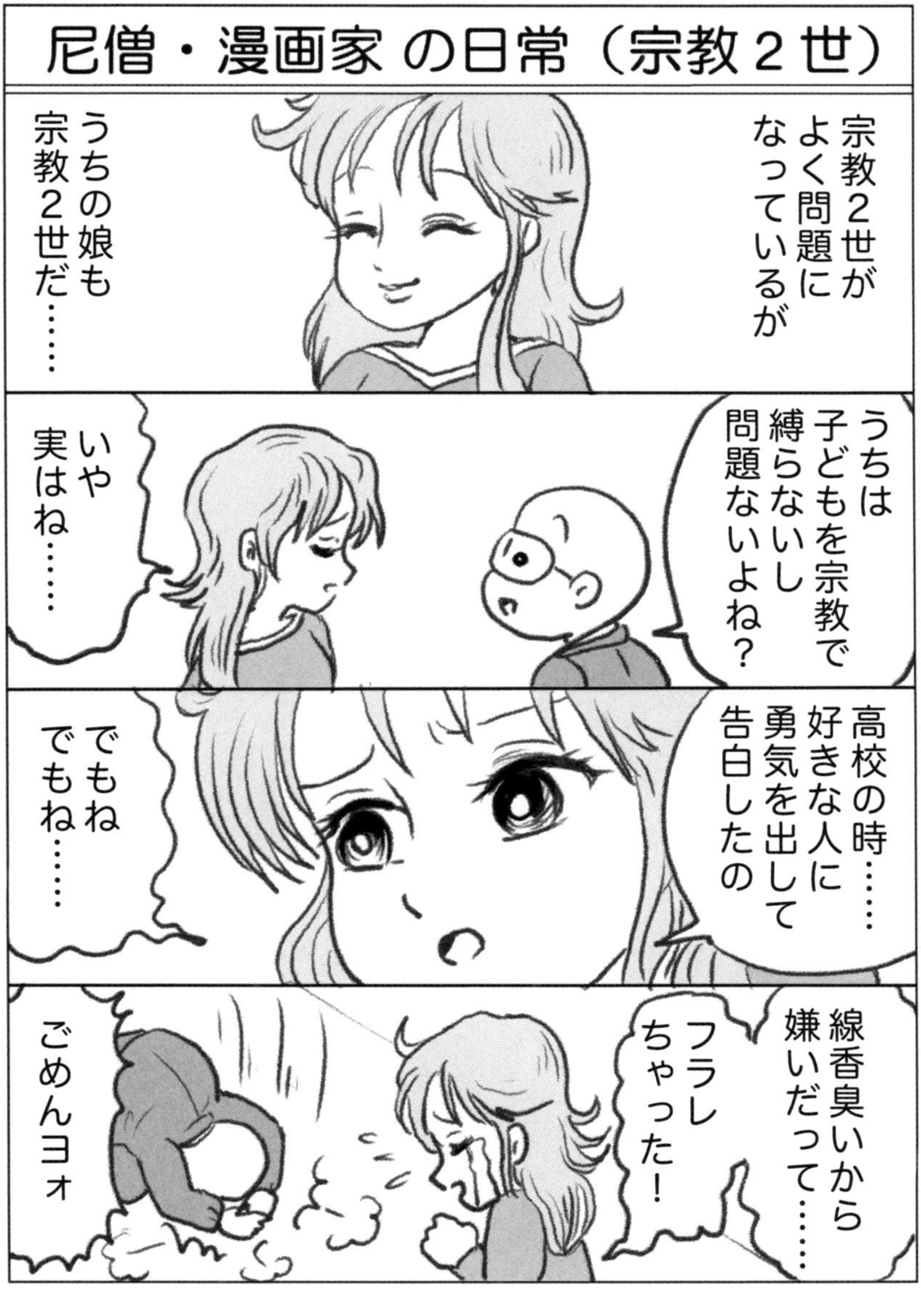
尼僧・漫画家 の日常（宗教２世）
宗教２世がよく問題になっているが
うちの娘も宗教２世だ……
うちは子どもを宗教で縛らないし問題ないよね？
いや実はね……
高校の時……好きな人に勇気を出して告白したの
でもねでもね……
線香臭いから嫌いだって……
フラレちゃった！
ごめんヨォ

尼僧・漫画家 の日常（自画像）

第4章

運のいい人になるのは簡単なんやで！

今ある幸運に気づけない人が不運なんや！

悟東　お不動さま〜、世間ではよく運がいいとか悪いとか言いますけど、運のいい人と悪い人の違いってあるんですか？

お不動さま　せやなぁ。まず「運のいい人、悪い人って誰やねん」ってところから話さなアカンな。

ほな、教えてもろてええか？

アンタにとって「運のいい人」ってどんな人や？

悟東　ええっとね……そんなに努力とかしてないのに、思った通りに欲しいものが手に入ったりする人！

お不動さま　悟東や……よう考えてみぃ。

お前は努力して空気を手に入れてるんか？

努力もせんでちゃんと呼吸して生きてるやんか。とってもラッキーちゃうん？

悟東　それって、当たり前のことじゃないですか！

お不動さま　アホ！　悟東、お前は喘息の発作を起こしたことないやろ？　空気を吸うってことが、とても大変になるんやで。

水の中に放り出されてみぃ。水の中では人間は呼吸できないから溺れてしまうやろ？

呼吸できることが当たり前やと思ったら、違うで！

しかもな、第1章でワシが、息をするってことは、自分が「生きたい！」っていう意思の表れやって言ったけど、まさに空気があって呼吸できるってことは、運よく願いが叶っているってことなんや。

悟東　なるほど……。うちの家族が喘息の発作を起こしているところを思い出しました。確かに、祈るように一呼吸一呼吸していました。発作が収まると、まさに幸せそうに寝息をたてていました。

息ができるってことも当たり前ではないですね。

お不動さま　やっとわかったか！

自分がどんなに不運であるかを語る人も、息をしているやろ？
息をしているだけでも、本当は幸運な人なんやで！
その幸運を当たり前なんて言わずに、もっと喜ぶほうがええんちゃう？

悟東　う〜ん、そうなると不運な人がいないってことになってしまいませんか？

お不動さま　それが……いるんやで、不運な人は。

悟東　え？　それは、どんな人なんですか？

お不動さま　幸運を当たり前と思ってしまって喜べずに、何か自分にとって不都合なことがあるたびに不運だと嘆く人や。

悟東　うっ……。耳が痛いですね。

お不動さま　ええか、基本的に生きていて呼吸ができれば、それは幸運なんやで。
まず、生かされていることを喜んで感謝できるってことが、次の幸運を呼ぶんや。

空気があって、呼吸ができるのが当たり前。
お腹が減ったら、何か食べるものがあるのが当たり前。

夜は屋根のある場所で、布団で眠れるのが当たり前。
家族がいるのが当たり前。
友達がいるのが当たり前。
電気が通っていて、テレビやパソコンや携帯が使えるのが当たり前。

キミらにはいろいろな当たり前があるけど、本当はそれらは「当たり前」では決してないんや。

当たり前やなくて、奇跡と言ってもええもんなんや。
それを実感として感じることができて、感謝できる人間であれば、自ずと幸運が集まってくるんやで。

幸運が好きなのは感謝。不運が好きなのは嘆き

悟東　確かにそうですね。「家族がいるのは当たり前」ではないですよ。

私は14歳の時に家族がバラバラになって、家族が揃った団らんはもう二度とないのだと実感したんです。家族が揃うということは、当たり前ではなく奇跡っていうのはわかりますよ。

お不動さま　そうなんや。少し、シンドい経験しているほうが、それが当たり前ではないことに気づけるんや。

つまりな、ちょっとシンドい経験をして、当たり前なんてないんだって実感できるようになってより幸運を感じ、さらに幸運が集まってくるということもあるんや。

悟東　う〜ん、シンドいことを経験することが、幸運の呼び水になることがあるってことですよね？　シンドいことをイコール不運と呼んでいいわけじゃないということですか？

お不動さま　そうそう！　やっとわかってきたか。

逆にな、日々普通に過ごせていることを当たり前と思って、何か自分にとって嫌なことが起こるたびに不運だと嘆くことは、まさに不運の呼び水になるんや。

つまり。これが不運な人や。

悟東　それって、やりがちですよね〜。

お不動さま　幸運が大好きなものは感謝。不運が大好きなものは嘆き。そんなふうに覚えておくのもええで。

悟東　大好きなものに寄ってくるんですね。それぞれ。

お不動さま　ご神仏はな、キミらが「本当の幸せ」を感じて生きてほしいと慈悲と慈愛をもって応援してくれておるんや。

だからな、日常のすべてを当たり前に感じて、さらに己を貶《おとし》めるような苦悩を感じていては、決して「本当の幸せ」を感じられないから、慈悲と慈愛をもってシンドイ現実を経験させることだってあるんやで。

悟東　そ、その慈悲と慈愛は遠慮したいです！

人生で大事なのは流れに身を任すことや

お不動さま　実はな、人それぞれに幸せになる本来の自分を生かす流れがあってな。

その流れをご神仏は応援しとるんやけどね。

その人が本来生きる方向性とでも言えばええかな。

悟東　流れ……その人にとって一番の方向性ですか。

お不動さま　キミらが言う「運が悪い人」っちゅうんは、この「流れ」に逆らっとる人が多いんや。

自分個人の「プライド」や「こだわり」が強くて、ご神仏の推奨する「流れ」とはズレたり逆方向に行こうとしたりしてしまう人なんや。

悟東　自分の「流れ」とズレてると、どうなるんですか？

お不動さま　川の流れに逆らってボートを漕《こ》いだら、どえらいしんどい思いするやろ？

流れに逆らってると、がんばってもがんばっても行きたい方向になかなか行けなくて、ボートや流れに対して「どうして思い通りにならないのか！」と怒っている状況で、自分は不運だと嘆くんや。

悟東　じゃあ、運のいい人は流れに身を任せてるってことですか？

お不動さま　大事なのはそこやで！
感謝して、自分を生かす流れにピョンと乗っていける人が、運のいい人やねん。どんな小さな出来事でも、「ありがたいな〜」って思えるかどうかが肝心やで。

悟東　でも、自分の状態が本当に運がいいのかどうか、不安になる時もあると思うんですけど……。

お不動さま　そら、人間やから不安になることもあるやろ。
でもな、何か「ツイてない」って思うようなイレギュラーな事が起こったら、それはワシらからのメッセージやと思うんやで。「なんでこのことが起こったんやろ？」って、自分の心の中をよう見直してみ。それが、運を開く一番の近道や。

悟東　メッセージ？

お不動さま　せや。例えばな、財布を落としたとするやろ？「ツイてない！」って思って落ち込むんとちゃう？　でもな、そんな時はな。
「もしかしたら、もっと大事なもんを失くすかもしれんかったんかもしれんな。お財布が自分の身代わりになってくれたんかもしれない。ありがとう」って感謝するんや。

悟東　なるほど……。ラッキーなことも、同じように考えたらいいんですか？

お不動さま　実はな、ラッキーもアンラッキーもご神仏からのメッセージや。言ってみたら航海の羅針盤の１つに過ぎないって思ったらええで。方向や状況を教えてもらったら、どちらにせよ感謝なんやで。

悟東　自分の波に乗って、何が起こっても心の中に問い合わせて感謝するんですね。

お不動さま　おっ！　珍しくいいこと言うやないか。

でな、人間は目に見えるものしかわからんやろ？　長い目で見た因果とか、全部は見通されへんねん。だから、自分の認識の限界を理解して、謙虚に、そして感謝して生きることが大事やねん。

悟東　はい！　ありがとうございます！

目先のことしか見てへんからツイてないんやで！

悟東　お不動さま〜、それでも、日常生活で「ツイてないな」って、つい言っちゃうことあるんですよね。

お不動さま　また始まった。「ツイてない、ツイてない」って、呪文みたいに言うなや！　耳の穴かっぽじって、ワシの話を聞かんかい！　何度同じこと言わせるんや！

悟東　はい……。ごめんなさい。

お不動さま　アンタが「ツイてない」って言うてる時、ホンマにツイてないんか？　ちゃうやろ？　単に、目先のことしか見えてへんだけや。んもう、何度も言わせてからに。

悟東　目先のことねぇ。

お不動さま　せや。

さっき、自分を生かす流れがあるって言ったやろ？　その流れの中には遊園地のアトラクションのように、たまに岩があったり渦があったりすることもあるんや。

そこで自分を乗せている船から下りたりしないで、流れに身を任せられるかが大事なんやで。

悟東　つまり、今は悪いように見えても、後から見たらいい方向に向かってるってことですか？

お不動さま　せやろ？「ツイてない」出来事には、必ずメッセージが隠されとる。そのメッセージに気づいて、行動を改めるんや。そうすれば、運はよくなる一方や。

悟東　具体的に、どうすればいいんですか？

お不動さま　まずは、「ツイてない」って言うんを止めろ！　その代わりに「ありがたいな〜」って感謝するんや。そして、自分の心の中を見つめ直して、流れに逆らってないか、よく考えてみい。

悟東　つい言っちゃう……。

お不動さま　なぁ、悟東！
アンタには「ツイてない」と感じる出来事が、実は「超ツイてる！」出来事だった、みたいな体験があるやんか！

「ツイてない」って思ったゴミ掃除で命拾い

悟東　そうでした！
以前、ゴミを片付けようとして道路からゴミ置き場に入った直後に、後ろからトラックが爆走して来て、危うく轢《ひ》かれるところだったんですよ〜！

お不動さま　なんや要領得ない話し方やな。
ゴミ置き場？　アンタ、まさかと思うけど、ゴミ漁ってたんやないやろな？

悟東　そんなことするわけないでしょ！💢
でも、あの時、道路に面したところにあるマンションのゴミ置き場がすごい散らかっていたんですよ。

だから、片付けようと思わず道路からゴミ置き場にピョンと体ごと入ったんですよ。いつもは道路からゴミ置き場にゴミだけを投げ込むのに。

お不動さま　で、どうなってん？

悟東　はい……。道路からゴミ置き場に入るやいなや、ゴミ置き場ギリギリのところの道路を、すごいスピードでトラックが走ってきて、急ブレーキをかけても間に合わないで、ゴミ置き場の端に車体を擦っていきました。

道路にいたら死んでましたね、私。

お不動さま　そうやろ。そうやろ。で、どう思った？

悟東　そりゃ、間一髪で助かったんですよ！　超ラッキーですよ！

お不動さま　そりゃ、よかったな。でも、ゴミが散らかってるの見つけた時はそう思った？

悟東　「超ツイてないなぁ～。なんで私が片付けなきゃならないのかな」って思ってました。

お不動さま　な！　超ツイてないが、超ツイてるに変わったやろ？

「損して得取れ」って言うけど、ホンマの損得って一体なんやねん！

悟東　お不動さま〜、この前、損しちゃったんです〜。計算間違えて……。

お不動さま　また損とか言うとる！　学習せえへん奴やな。

ほな、教えてもろてええか？　アンタにとって「損」ってどんなことや？

悟東　ええっと……お金を失くしたり、間違えて高いもの買っちゃったり、サービス券の有効期限が切れちゃったり……することかな？

お不動さま　あ〜あ、やっぱりまた金か！　学習せん奴やな。

金に目がくらんどるから、アカンねん。ホンマの「損得」っちゅうんは、そんな目先のこととちゃうねん。

悟東　じゃあ、本当の損得って？

お不動さま　心の問題や。何かあった時に「なんでこんな目に遭うねん！」って怒ったり、クヨクヨしたりするのが、一番の「損」なんや。

悟東　でも、損したら悔しいじゃないですか！

お不動さま　悔しいのはわかる。でもな、損した時こそ、「よっしゃ！」って言うんや。

悟東　えっ？　なんでですか？

お不動さま　損したってことは、誰かが得をしとるってことや。自分が損することで、誰かを喜ばせたんやと思えば、「よっしゃ！」って言えるやろ？

そして、それが「天の銀行に貯金する」ってことなんやで。

悟東　天の銀行に貯金する？

貯金するってことは、下ろすこともできるし、利子もつくんですよね？

お不動さま　悟東は世知辛いことを言うなぁ。

例えばなぁ、誰かに得になることをしたり、親切にすると、その誰かは少しでも豊かになったり、嬉しい気持ちになったりするやろ？　そのことは、目に見えへんけど、確かにこの世界に存在する。それが「天の銀行への貯金」なんや。

そして、いつか自分が困った時、思わぬところから助けが来る。それが「天の銀行からの引き出し」なんや。

天の銀行は利率も半端なくええし、必要なタイミングで降りてくるで。

悟東　う～ん、ついついお金に囚われちゃいますよね～。日常生活では。

お不動さま　悟東！　大事やから何度でも言うけどな、お金は、ただの道具や。道具に振り回されとったら、アカンねん。お金を使うのはええけど、お金に使われとるんじゃアカンで！

悟東　理屈ではわかるんですけどねぇ。

お不動さま　損得の観念から自由になるには、「損」を喜ぶことや。そして「よっしゃ！」「ありがとう」って言うて、流れに身を任せるんや。

悟東　損を喜ぶ？　難しい……。

お不動さま　難しいて言う前に、やってみぃ！　そしたら、心が軽うなって、人生楽しくなるで！　ワシらは、いつも応援しとるからな！

尼僧・漫画家 の日常（解決法）

漫画で煮詰まると漫画の師匠に相談していたが
あすかちゃんとにかく描くしかないよ
と言われていた
漫画の師匠もいろいろあって長期出張からお帰りになってからは……
あすかちゃんちゃんと飯食ってる？
煮詰まったら太陽の下で体動かしなよ
肉体労働がお勧めだよ！
漫画の師匠の言葉に苦労と強さを感じ
わは
はは
思わず合掌した

尼僧・漫画家 の日常（変）
私は某日刊紙に4コマを連載しながら子どもを産んだ
え？原稿ためてなかったの？
漫画の師匠
心臓に鋼《はがね》の毛が生えてるよ
46歳の時高野山大学の若者にまじって加行を受けた
デスクワークで体力もないのに若者にまじって……
恩のある住職
鋼の女だな！
超変人だよ！
どうやら私はとっても変人で
プシュー
プシュー
鋼系女子らしい……

第5章

悟東の
ちょっと不思議な
日常奇譚

本章では、私、悟東の日々の実体験をお話しします。すべては見えない世界の存在を実感していただくためです。こうした話が苦手な方は読み飛ばすか、寝る前ではなく明るい昼間に読むとよいかもしれませんね。

空っぽのタンスの中から大きな音が！

お不動さま　さて、悟東よ。お前さんの日常は、普通の人から見れば、ホンマに奇妙なことだらけやけどな。目に見えないもんはないんやって言う人らには、目に見えなくてもいろいろあるかもって思ってもらうええ機会かもしれんから、ここで話をしてみんか？

悟東　えへ、いいんですか？　話しても。

お不動さま、今回はちょっと怖い話なんですけど、夜中に仕事をしてると、後ろの壁をドンドンって叩かれるんです。

お不動さま　人に話したら、隣の部屋の人から「うるさい！」って怒られたんやって思われるやろな。悟東やし。

悟東　いえ、壁の向こうはリビングで、誰もいない時なんです。大体いつも夜中の2時とかに、仕事をしているのになかなか終わらなくて、つい机で眠っちゃったりする時に起こるんですよ。
それで、私がうっかり机で眠ってたのが、壁を叩く音で目が覚めるんですよね。隣の部屋を見ても誰もいないし。で、机で眠ってても仕事にならないから、そんな時はもう、寝室へ行って眠っちゃうんですよね。

お不動さま　まぁ、たらたら仕事して机で眠るより、ちゃんと寝室で眠って起きてから仕事したほうが身体にも仕事にもええと思うで。

悟東　いや、まさにそうなんですよ。壁を叩く音に促されて、ちゃんと寝室で眠った後は仕事がはかどるんです。

お不動さま　なかなか役に立っとるやん。見えないもんが。

悟東　ありがたい限りですよ。

お不動さま　まったく怖くないやん。

悟東　そうなんですよね。……いや、人に怖がられたことはありますよ！

お不動さま　それを話してみぃ。

悟東　某出版社の編集者さんたちと、ウチで打ち合わせをしていた時のことなんですが……。

リビングにお客さんがコートをかけるために、空っぽの小さな洋ダンスが置いてあったんです。

ただ、その打ち合わせで編集者さんがくる数日前に、霊能力の強い友人が、リビングに落武者が並んで座っていて、私の日々の供養で自分が成仏する順番を待って、廊下の向こうまで並んでるとか言ってたんですよ。

毎日、祈ると確かにそんな気配はあるんで、お客さんが来る前に、その霊たちがいるらしい空間に向かって、

「ねぇ。落武者のみんな〜。今日はお客さんが来るから、この小さなタンスに入っててくれないかな。怖がられちゃうと困るからね」

って言ってみたんですよね。

で、編集者さんたちが来て打ち合わせの最中……。

見えない存在も確かにいるよねって話になった時に、タンスから「ゴトゴトン！」って大きな音がして、驚いた編集者さんがタンスを開けると、中は空っぽ。

すごく驚かれちゃったようで、その後バタバタと帰ってしまいました。
それ以後、打ち合わせ場所の選択肢からウチはハズれていたんですよね。

お不動さま　そら驚くやろな。壁を叩く音を眠るきっかけの合図にする悟東とは感覚が違うよって、少しは気ぃ遣うんやで。もぉ。
霊たちだって、見えなくたっているんだぞと、わかってほしかったんやろな。

子どもが駆け回る気配のする遺体安置所

お不動さま　さて、次はもっと怖そうやな。

悟東　これは割と最近なんですけどね。葬儀に関する仕事をしている友人からのご依頼の話です。
100体くらいご遺体が入る冷蔵設備のある部屋で、棺桶《かんおけ》を叩く音がしたり、その階のエレベータが誤動作したりするということで、供養とお祓いをお願いされた時のことなんですよ。

その依頼は、にわかには信じがたかったんですけどね。「死後硬直とか、ご遺体の状態が変化して棺桶を叩いているような音がするんじゃないの？」って聞いたら、そんな時間はとっくに過ぎた訳ありのご遺体を安置しているので、それはないという話でした。

訪ねてみると、そこのビルの安置冷蔵室のある階は、なんとも暗く霧が立ち込めているようでした。

それで、用意を整えて供養を始める時には、みなさんお仕事がお忙しいので、その階には私と奥の部屋におそらくもう1人くらいしか生きた人間はいませんでした。

私は祈っている時だけ霊感のようにいろいろと感じ取れたりするのですが、祈り始めると、私の周りをギッシリと人が取り囲んでいる気配がしました。50人以上は軽くいたと思います。そこに子どもが数人駆け回っています。

読経を始めると、確かに棺桶を叩く音が頻繁になりました。

その音がだんだんしなくなってくるまで、1時間ちょいかかりました。それからさらに線香護摩《ごま》を始めて1時間ちょいかかり、計3時間近く祈っていたと思います。

棺桶を叩く音はすっかりなくなり、取り囲んでいた人たちの気配もなくなっていました。

お不動さま　いやぁ、ご苦労さんやったね。実際、目に見えんものらも、物理的な力を操れることがあるんや。どちらにせよ、供養されるということが大事やね。あの人らは。孤独死や事故や事件で亡くなって身元がわからずＤＮＡ鑑定待ちだったりしたわけで、なかなか供養がなされなかったんや。

悟東　そうなんですよね。ご自分の状況をつかめなくて、亡くなってなお、棺桶のフタを叩くほどおつらかったんだろうなぁって思いました。

だから、ご供養で仏さまに導かれて心安らかになっていただけたら、私もそのご縁に触れさせていただき幸せだなって思いました。

髪がないから戒名に「光」を入れたわけではないですよ

お不動さま　ほんで、今度はなんや？

悟東　お不動さま、友人のおじさんの葬儀を僧侶としてお願いされた時のことです。

私は葬儀の依頼を受けると、必ずお不動さまにすぐに祈らせていただきます。その際に相手のお名前や生年月日などをお伝えして、すぐにお不動さまに亡くなった方に寄り添っていただくのです。

すると、引導をお渡しする方のことを、お不動さまがお教えくださいます。

ときには、お不動さまがご本人を連れて来てくださることもあり、それで戒名《かいみょう》をおつけするのですが、このときもお不動さまが連れてきてくださいました。

そして、戒名に「光」の文字を入れたら、亡くなったご本人がにっこり笑って「これのせい?」と言いながら、きれいに頭髪のなくなっていた頭頂部をこちらに向けて見せてくれたのです。

とっさに私は、「そのせいじゃないです!」と否定しました。

でも、私は霊能力者ではないので、本当にご本人の頭髪がないのか自信もなかったんですが、通夜の会場につくと、遺影として飾られていたのは、まさにそのお顔でした。

それを見て私は、「戒名にある『光』の文字は頭髪とはなんの関係もありませんよ！」と心の中でさらに弁明してから通夜を始めました。

お不動さま　ほほう。やっぱ怖くない話やな。

人はな、生まれたら必ず死ぬんや。でも、それを自分のこととしてしっかりと捉えていない人はわりといるんやないかな。怖いから、わざと見んように考えんようにしてな。そやから、死後に関しても冗談のようにしか話すこともないやろ？

死をしっかり認識することは、善く生きるためには、とても大事なことなんやで。

身体は寿命を迎えると機能を停止するんやけどね、意識は、仏さまからわかれて「個」として閉ざされていたものやから、消えることはないんやで。記憶もしっかりと大いなる存在の意識の中に貯蔵されとるんや。

ただな、「個」としてのその人の一生は1回きりなんや。

せやから、意識はなくならないんなら大丈夫やって思うて、いい加減に生きとると、強烈に後悔することになるんやで。

普通はな、この世に物理的にアクセスできるのは身体がある時だけなんや。

大事な人に優しい言葉をかけてもまったく聞こえないし、何もしてあげることができないんや。生きているうちに自分の本当の思いや優しさを伝えていなかったら、とてもつらいと思うで。

日々の一瞬一瞬を大事に生きなあかんよ。その一瞬に二度目はないんやからね。

施餓鬼大好きな私を餓鬼さんが助けてくれる

お不動さま　ほんで、今度は施餓鬼《せがき》の話やて？

悟東は施餓鬼をするのが好きやからなぁ。

読者のみんなのために説明するとな。「施餓鬼」っていうのんは真言密教では餓鬼道に落ちてしまった人らの霊を救うために、夜中にこっそりと祈るものなんや。

悟東は毎日、夜中に灯もなしにこっそりとやっとるで。

悟東　お不動さま、あの、私、施餓鬼でね、餓鬼さんたちが喜んでいるのを感じるのが好きなんですよ。

お不動さま　餓鬼かて元は同じ人間やからね。悟東は特に、誰かが何かを食べて喜ぶんを、見るのが好きやから、施餓鬼が好きなんやろね。

悟東　施餓鬼を日々続けているとね、助かった餓鬼さんが日常の中でちょっとしたことを助けてくれているのを感じたりするんですよ。なんかもぉ、いじらしいじゃないですか。

お不動さま　確かに、生きた人より義理堅い餓鬼もおるかもしれへんね。

悟東　ええっとね、でもあの時は驚きましたよ。

夢枕にとある有名な武将を名乗る人が鎧《よろい》姿で立って、

「戦いで亡くなった者らをここへ導いているのだが、ここまでこれずに途中で力尽きた者らを〇〇城跡に集めている。どうかそこまで行って施餓鬼をしてほしい」

って言うんですよ。

だからね、供物としておにぎりや水や塩を持って、そこに行って施餓鬼をさせてもらったんですけどね。

その場所に近づいた時にね、空耳かもしれないんだけど、「来たぞう！　ああ……やっと来たかぁー！」と言う声と歓声が聞こえたような気がしたんですよ。

お不動さま　ええやんか。悟東にとってそれは励みになったろ？　それを空耳だと言われようが、悟東にとっては真実やで。

悟東　はい。なんか一緒に嬉しくなったような気がしています。……聞こえるといえば……。

お不動さま　また、聞こえたんかい！　今度は誰やねん？

悟東　うーん、とある人の企画で、アイヌ民族の霊を鎮めるというのがあって、虐殺されたという場所に行った時のことなんですよ。

その場所でいろいろと準備をしていたら、谷の底からそれは大きな声で祝詞《のりと》をあげているのが聞こえたんです。

いや、それがすごく朗々としてて、力強い声だったんですよ。

でも、その場には30人くらいいたのに、３～４人しかその声が聞こえてなかったそうで……。

お不動さま　ふーん。その声の主は、誰やねん？

悟東　アイヌ民族の人々を守って戦った幕府側の鷹匠《たかじょう》だと思います。その方は幕府側の松前藩からは裏切り者として崖の上で火炙《ひあぶ》りにされたとされ、そこがその場所だったんです。

で、その方は神主の息子でもあり、祝詞を熟知していたから火炙りにされながらも祝詞をあげて、アイヌ民族の無事を神さまに祈ったとあるんです。もしかしたら、その方なのかも……って。

お不動さま　ほほう。そんで、悟東はどう思った？

悟東　供養をすることが、すべてを救うことになるんだって思いました。

悲しい歴史は変わらないけど、そこから大事なことを学び、そしてそこから自由になれる。……それが本当の救いなんだと思います。

誰であろうと本来の幸せに帰っていく権利がありますよね。

お不動さま　せやで！　悟東にしては賢いこと言うやないかい。

本当はな、誰であるとか、何があったとかはあまり問題ではないんや。それは大いなる存在の中でしっかりと記憶として入っているんやからね。存在の奥底から供養できたら、それが一番なんやで。

見えない存在に力を貸してもらう方法

悟東　では今度は、見えないものにすっごく感謝した話をしましょう。

お不動さま　それは興味深いやん。

悟東　すごく昔の話になるんですが、私は学生向けの新聞の記事を書くために、青森県の恐山《おそれざん》でイベントをする水木《みずき》しげるさんにインタビューをしようと、単独で乗り込んだんですよ。

でね、当時は東北新幹線がまだなくて、時間や予算の関係で、夜行バスや在来線などいくつも乗り換えて行って、取材もハードだったこともあり、とっても疲れてしまったんです。夜に恐山の麓《ふもと》の街のホテルで資料をまとめて作業をしているうちに、そのなかに倒れ込むように眠ってしまったんですよ。

それで、目が覚めたら、私はそのままの格好だったんだけど、めちゃめちゃ散らかしていた大量の資料が、しっかりと分類されてまとめてあったんです。

私は普段、そんな資料のまとめ方はしないし、誰かが夜中に侵入したんだと思って部屋を隅々まで確認したんですが、ドアはチェーンがかかっているし、窓にも鍵がかかっているし、どんでん返しの仕掛けのような壁もなかったし。誰も人間は侵入していなかったんです。

もう、これは見えない存在が資料を分類して、まとめてしっかり紙の角を揃えて机に置いてくれたとしか思えなかったんです。

そこで私は、部屋でもう大きな声で、

「どなたさまかわかりませんが、資料を散逸しないように、しかも分類してまとめて置いてくださって、ありがとうございました！」

って深々と頭を下げてから、般若心経《はんにゃしんぎょう》をお唱えしたんですよ。

おかげさまで、その時の恐山の記事は、「毎日中学生新聞」（当時は中学生向けの日刊新聞としてありました）の第1面に、3日間続けて載せていただきました。

お不動さま　よかったやん！

いろいろな協力を得られたんやな。

悟東　はい！　それもこれも、お不動さまのおかげさまです！　ありがとうございます！

お不動さま　せやな。ワシが悟東の後ろに控えているから、土地の見えないものが気を遣ってくれたんやね。

ご神仏以外の見えないものもいろいろとおってな、皆同じではないんや。助けてくれるものもおるよってにな、変に怖がる必要もないんやで。

悟東　そういえば、きっと誰でも感じられる、見えない存在に力を貸していただくことができる簡単な方法がありますよ。

部屋で何か物を探していて見つからない時に、私はお不動さまのご真言「のうまくさんまんだ　ばざらだん　せんだ　まかろしゃだ　そわたや　うんたらた　かんまん」か、荒神さまのご真言「おん　けんばやけんばや　そわか」を唱えながら探すんですよ。わりとすぐに見つかりますよ。

お不動さま 悟東はホンマによく物をなくすさかいな。そのうえ、ご神仏使いが激しいのう……。

でもなぁ、ワシらは身近にいつもいるのを認識してもらうのが嬉しいんやで。せや、悟東が朝一番にリビングや仕事部屋に入ってくる時に、笑顔で「おはようございます！」って人は誰もいないのに声をかけるやろ？

あれはええと思うで。続けなや。

悟東 あれは、ご神仏さまや、部屋や空間や普段見えないものたちに、「今日もよろしく！」って挨拶しているんです。この世では見えないもののほうが多いように思うんで。

お不動さま せやで。人間は自分のことも見えとらんよって、見えとらんことのほうが多いんや。

見えるもの聞こえるものだけが確実とは思わないで、しっかりと自分の心で感じることが大事なんや。見えないものも心を見つめるとわかってくるんやで。

ご神仏と自分の心の奥でダイレクトに繋がっているんや。

それに気づけるのは、味わえるのは、自分以外にいない。

誰かが代われるもんではないんやで。

自分にダイレクトに繋がっているご神仏のことを、自分以外の誰かに断言されるものでは決してないことを忘れるなや。

どんなに能力のある偉い人に何を言われても、それはあくまで貴重な参考意見やで。

心の決定権を決して他人に譲らず、心でダイレクトに繋がっているご神仏の言葉を、自分で探るんや。第三者から聞くことに頼ってはアカン。

歴史的な聖人の残した言葉などを参考にして、自分の心の奥でダイレクトに繋がっているご神仏を頼りに、どっしりと地に足をつけて生きていくんやで。

ここまで読んでくれたキミへ、キミに言うてるんやで。よく覚えといてや！

ほなっ、またな。

尼僧・漫画家 の日常（リテイク）

漫画や文章を制作している時お不動さまが気に入らない内容だと……
ピタッ
手が止まって動かせなくなる
それでも無理に描こうとすると……
徳利が縦に真っ二つに割れたり
ファイルごと消えたりする
キャー！
私はその現象を「お不動さまリテイク」と呼んで恐れている…
リテイク！
なので私の原稿が遅く各方面にご迷惑をおかけしてすみません
家族談
そこも計算して早く取りかかればいいでしょうに！

尼僧・漫画家 の日常（恩師）

私が祈っている時にかたわらに誰か立つことがある
この本の仕事をしている時もやはり１人こられた
う～ん見覚えがある誰だっけ？
?
背が高くて鼻も高くてやせていて
あの、どちらさまでしたっけ？
締め切りは守りなさいよ
あれほど言ったのに……
井上球二先生！ごめんなさい！
仏教の漫画を描く大先輩でした！

～おわりに～

みなさんこの本を読んでくださってありがとうございます！
少しでも心のフタが開くきっかけになるとええなぁ
大いなる存在は遠くに仰ぎ見るものやのうて
はるか遠くに……
一番身近なものやと感じてもらえたらうれしいで

不幸のどん底に感じる時があったら……
どんな状況であろうとも心のフタが閉じている時で
逆に開くチャンスなんやで
そんな時はすべてをさらけ出してな
小賢しいプライドも策略も予想も責任も……不安も恐怖も悲しみも怒りも
いったん手放すんや
プライド
不安
恐怖
悲しみ
怒り
自分ではどうにもならんからギブアップするんや
GIVE UP!
そしてまるっと大いなる存在に任せるんやで

清々しいほど開き直ってみるんやで
どーにでもなれ！
ドサッ
すると不思議と心が軽く感じるはずやで
あれ？
私って何がつらかったんだっけ？
そう思えたらしめたものや！
キミは今大いなる存在と繋がる心のフタが少し開き始めたんや！

そこでプチ瞑想や！
まず深呼吸をして……
吐く息と一緒に
リラックスできる姿勢でOK
すべての疲れや
要らない思いが
すっかりと
吐き出されると
感じるんや
吸う息とともに
いっぱいの
ミクロの小ささの
仏さまたちが
体に入ってきて
元気をくれると
感じてみ
身体中の
1つひとつの
細胞が
元気を
受け取って
喜んでいるのを
感じて……

大きな安心感の中に体ごと漂ってみるんや
そう、今キミが感じているのは呼吸のできる慈悲と慈愛の海なんや
その海はとても大きくて宇宙も丸ごと飲み込んでいてな
絶対的な安心……キミは今魂の故郷の……大いなる存在を感じているんやで

苦しさも……辛さも……小賢しい考えも……
キミのすべてが……慈悲と慈愛の海へ溶けていくんや
今キミは自分の姿さえ忘れてしまう優しい海で
すべてと共にありながら何ものにも縛られずに完全に自由や
その感覚にしっかりと浸るんやで

充分にその感覚に浸ったら……
今度は1人の人間である自分を思い出していくんや
しっかりと自分に戻ったら
手を擦り合わせて感覚を戻すんや
そして地に足をつけて空を見上げてみぃ
今までのキミとはちょっと違う気がせぇへん？決して孤独ではないで

その後、
苦しかったり
つらかったりしたら
慈悲と慈愛の海を
思い出すんやで
プチ瞑想して
また
魂の故郷を
訪れて
欲しいんや
ガヤ
ガヤ
キミは決して
一人ではないんや
ワシらはいつでも
待っているで

心のフタを開けるにはプチ瞑想を習慣にしたり
自分を偽らず周りすべてとの壁を作らずすべてに感謝をするのがええんやで
お不動さま瞑想が苦手な人はどうしたらいいんです？
せやなぁ
自分の頭の少し上に宅配便の受付窓口を想像するんや
地蔵便
宅配便受付窓口
え？ 宅配便？

心の宅配便は
心のフタが
開いてなくても
送れるんや
心のフタを
重くする
恐怖や不安や
いらん思いを
荷物にして
頭のちょっと斜め上に
宅配便の受付の棚が
あるよって
ヒョイ
そこに
ヒョイっと
載っけて
目には見えない
尊い存在（仏さま）に
送るんや
送られた荷物は
尊い存在がきれいに
してくれはるで！
本人は荷物を手放し
ホッとして
ホッ
心のフタが
軽くなるんや！

心のフタを開くのはキミらが楽しく……
ゆるぎない幸せを全身に感じて生きるための方法の１つやで
この本を読んでくれたみんな！ありがとうな！
キミらの幸せのきっかけになればうれしいで
お不動さまをはじめこの本の制作に関わってくださったすべての方々に感謝申し上げます

悟東あすか（ごとうあすか）　**真言宗尼僧・漫画家**

高野山真言宗尼僧・漫画家。一児の母でもある。

東京都三鷹市生まれ。幼い頃から「見えないもの」の存在を感じ、それに悩まされることもあったが、得度した時にお大師さまに願ったことで、以後は祈る時にだけ感じられるようになり、現在に至る。

尼僧としては、1984年、高野山別格本山西禅院徒弟として得度。受明灌頂受了。2006年、高野山大学加行道場大菩提院にて加行成満。同年伝法灌頂受了。2007～2009年、高野山大学にて中院流一流伝授受了。

漫画家としては、吾妻ひでお氏と巴里夫氏に師事し、さいとうちほ、竹本泉、ささやななえこ等各氏のアシスタントを経て、1989年に集英社少年ジャンプ第30回赤塚賞準入選。同年週刊少年ジャンプ夏季増刊号にてデビュー。

毎日中学生新聞等で4コマ漫画、取材漫画、IT解説漫画を連載。一般誌の他に『大法輪』をはじめとする仏教系雑誌や複数の宗派の機関誌に漫画やイラストを連載する。

著書に『神さま仏さまがこっそり教えてくれたこと』（ダイヤモンド社）、『教えて！仏さま』（じゃこめてい出版）、『幸せを呼ぶ仏像めぐり』（二見書房）などがある。

ご神仏からのメッセージが届く！心のフタの開き方
安心で満たされた人生に変わる！

2025年4月30日　第1版発行

著　者　悟東あすか
発行者　小宮英行
発行所　株式会社徳間書店
〒141-8202
東京都品川区上大崎3-1-1
目黒セントラルスクエア
電話　編集(03) 5403-4344
販売(049) 293-5521
振替　00140-0-44392

印刷・製本所　株式会社広済堂ネクスト

ISBN 978-4-19-865915-8